城市轨道交通工程关键技术研究

(线上部分)

焦　莹　王存贵　徐　利　**编著**

华中科技大学出版社

中国·武汉

图书在版编目(CIP)数据

城市轨道交通工程关键技术研究.线上部分/焦莹，王存贵，徐利编著.—武汉：华中科技大学出版社，2018.9

ISBN 978-7-5680-4374-8

Ⅰ.①城… Ⅱ.①焦… ②王… ③徐… Ⅲ.①城市铁路-铁路工程-工程施工 Ⅳ.①U239.5

中国版本图书馆 CIP 数据核字(2018)第 217713 号

城市轨道交通工程关键技术研究(线上部分)
Chengshi Guidao Jiaotong Gongcheng
Guanjian Jishu Yanjiu(Xianshang Bufen)

焦 莹 王存贵 徐 利 编著

策划编辑：金 紫
责任编辑：陈 忠
封面设计：原色设计
责任校对：何 欢
责任监印：朱 玢
出版发行：华中科技大学出版社(中国·武汉) 电话：(027)81321913
武汉市东湖新技术开发区华工科技园 邮编：430223
录 排：华中科技大学惠友文印中心
印 刷：武汉科源印刷设计有限公司
开 本：787mm×1092mm 1/16
印 张：8
字 数：197 千字
版 次：2018 年 9 月第 1 版第 1 次印刷
定 价：36.00 元

内容简介

本书为中国建筑第六工程局有限公司实施中国建筑股份有限公司课题(课题号:CSCEC-2015-Z-1)的研究成果总结。课题自2015年3月份启动,研究团队积极进行相关理论的积累,搜集文献与模型试验并举,将相关成果汇集于本书。

城市轨道交通是一个庞大的系统工程,要完成预定的运营任务,需要许多个子系统参与并协调一致地工作。一般情况下,大部分运营中心(OCC)分别设有运行调度、电力调度、环控调度、防灾调度、维修调度等,各个子系统独立运行管理,相互之间的数据需要相互共享。尤其是城市轨道交通形成大规模路网时,需要构建整个城市轨道交通路网运营指挥中心(TCC),建设所有线路的信息共享平台,以便于路网中心的指挥和协调。构建一个数字信息共享平台已成为城市轨道交通发展的方向和实现城市轨道交通信息化的重要措施,采用综合监控系统是实现这一目标的最佳选择。

围绕综合监控系统的组建,将各系统进行独立的研究,从原理、应用再到发展前沿,本书触及了轨道交通工程除土建之外的几乎所有内容。经过梳理规划,本书包括以下方面的内容:

①接触网的制式选择及优化技术研究;

②屏蔽门的原理、监控和安全技术与研究;

③换乘站建筑及消防原则;

④地铁车站土建预埋件(预留孔洞)及机电设备层砌体施工质量控制;

⑤信号系统的控制过程和权限设置技术研究与应用;

⑥综合监控系统的总体布局、系统调研及演化技术研究与应用;

⑦换乘站自动售检票(AFC)设计及结算业务技术研究与应用;

⑧BIM技术在设备管线碰撞检查中的研究与应用。

由于时间仓促,本书对涉及内容研究较浅,肯定存在错漏之处,恳请广大同行、专家指摘,不胜感激。

前　言

自1971年1月15日北京地铁1号线正式开通开始，天津、上海、广州、深圳、南京等城市相继拥有了自己的地铁运营线路。截至2017年12月，北京地铁运营线路共有22条，均采用地铁系统，覆盖北京市11个市辖区，运营里程达608公里，共设车站370座；上海共开通轨道交通线路15条(1～13号线、16～17号线)，上海轨道交通全网络运营线路总长666公里(地铁637公里+磁浮29公里)，车站数389座(地铁387座+磁浮2座)，换乘车站52座。随着地铁建设规模的扩大，地铁建设技术和运营经验取得了长足的进展，在不同地质、水文、气候等条件的地区，均拥有了丰富的经验。

我国许多城市轨道交通项目已经开展PPP融资模式，也称为公私合营的融资模式。这种模式将政府与私营公司两者结合起来。PPP融资模式的关键就是通过政府的大力支持，实现公私双赢，加快我国城市轨道交通建设的步伐。PPP项目对企业在传统的土建、机电安装、装饰装修、各专业发包到集成化管理等方面提出了更高的要求，迫使企业更快地掌握轨道交通生命周期内各阶段、各专业的知识和组织协调能力。

本书为中国建筑股份有限公司的内部课题(课题号:CSCEC-2015-Z-1)的总结概述。课题组通过查阅国内外文献资料并结合自身工程经验，总结了轨道交通线上工程的技术理论和相关研究成果。

本书作者为课题的研究人员，由中国建筑第六工程局有限公司总工程师焦莹领导，轨道交通公司总工徐利组织公司技术质量部和各项目骨干，在以王存贵为组长的高级技术顾问团队的指导下，以天津市地铁6号线金钟河大街站项目为依托，进行相关的试验研究。研究内容从最初的综合监控系统研究扩展到供电系统、信号系统等领域，涵盖了轨道交通土建施工以外的领域。

编　者

2018年4月

目　录

第1章　概　　述

1.1　轨道交通工程

1.1.1　城市轨道交通的定义及系统制式

目前,《城市公共交通分类标准》(CJJ/T114-2016)将城市轨道交通分为地铁系统、轻轨系统、单轨系统、有轨电车系统、磁浮系统、自动导向轨道系统和市域快速轨道系统。各系统的分类、概念、特征、优缺点及适用地区见表1-1。

表1-1　城市轨道交通分类

系统分类	概念	特征	优缺点及适用地区
地铁	采用钢轮钢轨体系,标准轨距为1435 mm,主要在大城市地下隧道中运行,条件允许时也可在地面或高架桥上运行	高运量,客运能力为4.5万～7.0万人次/小时。大运量,客运能力为2.5万～5.0万人次/小时。平均运行速度大于35 km/h;最高行车速度不小于80 km/h	优点:运量大,能耗低,技术成熟; 缺点:噪声大,造价高; 适用地区:特大、大城市中心区域
轻轨	采用钢轮钢轨体系,标准轨距为1435 mm,主要在城市街道路面或高架桥上运行,线路采用地面专用轨道或高架轨道,在繁华街区,也可进入地下或与地铁接轨	中运量,客运能力为1.0万～3.0万人次/小时、平均运行速度为25～35 km/h;最高行车速度不小于60 km/h	优点:能耗低,技术成熟; 缺点:振动噪声大; 适用地区:大、中城市
单轨	车辆与特制轨道梁组合成一体运行的中运量轨道系统,轨道梁既是车辆的承重结构,也是车辆运行的导向轨道,包括跨座式和悬挂式两种	中运量,跨座式客运能力为1.0万～3.0万人次/小时,平均运行速度为30～35 km/h;悬挂式客运能力为0.8万～1.25万人次/小时,平均运行速度大于20 km/h;最高行车速度不小于80 km/h	优点:噪声小,爬坡能力强,转弯半径小; 缺点:胶轮易老化; 适用地区:大、中城市,专用线路

续表

系统分类	概念	特征	优缺点及适用地区
有轨电车	分为单箱或铰接式有轨电车和导轨式胶轮有轨电车两类，运量低，适用于地面(独立路权)、街面混行或高架。按运行模式分为混合车道、半封闭专用车道(优先信号)、全封闭专用车道(平道口立交)	低运量，单箱或铰接式有轨电车客运能力为0.6万～1.0万人次/小时，平均运行速度为15～25 km/h；导轨式胶轮电车客运能力小于1.0万人次/小时，最高运行速度为70 km/h	优点：介于轨道交通和公交之间，布线灵活，造价低； 缺点：噪声大，运量与路权关系大； 适用地区：中、小城市，专用线路
磁浮	利用电导磁力悬浮技术使列车悬浮运行，采用直线电机驱动，主要在高架桥上运行，特殊地段也可在地面或地下隧道中运行。按照运行速度可分为高速磁浮和中低速磁浮两类	中运量，客运能力1.5万～3.0万人次/小时，高速磁浮列车最高行车速度为500 km/h，中低速最高行车速度为100 km/h	优点：噪声小，爬坡能力强，转弯半径小，可实现全自动和无人驾驶； 缺点：胶轮易老化； 适用地区：城市机场专用线或客流相对集中的点对点线路
自动导向轨道	采用特制胶轮车辆在专用轨道上运行的旅客运输系统，列车沿着特制的导向装置行驶，可实现全自动化管理和无人驾驶，线路可采用地下隧道或高架桥形式	中运量，客运能力为1.0万～3.0万人次/小时，平均运行速度大于25 km/h	优点：爬坡能力强、转弯半径小、振动噪声小、综合造价低； 缺点：能耗略高，车辆造价较高； 适用地区：大、中城市，大城市开发区，山地城市，江河城市或旅游区
市域快速轨道	适用于城市区域内重大经济区之间中长距离的客运交通。主要在地面或高架桥上运行，必要时也可采用隧道，采用钢轮钢轨体系时，轨距为1435 mm	大运量，客运量可达20万～45万人次/天，运行速度可达120 km/h	优点：能耗低、技术成熟； 缺点：振动噪声大； 适用地区：城市长距离郊区

不同制式的轨道交通在车型特点、供电制式、受流方式等方面也各有不同。

(1) 在车型方面，受运量的影响，地铁系统可选用的基本车型有A型车、B型车等，一般适合高、大运量的旅客输送，高峰期时单向运输能力可达到2.5万～7万人次/小时。此外，地铁系统还包括直线电机驱动的LB型车辆，高峰期时单向运输能力可达到2.5万～4万人次/小时。轻轨系统采用C型车和LC型车，单轨、磁浮和有轨电车等制式采用专用车辆。

(2) 在供电制式方面，城市轨道交通供电系统划分为外部电源、主变电所、牵引供电系统、动力照明供电系统、电力监控系统等。外部电源一般采用中压供电系统，分为集中式、分散式和混合式，一般以集中式供电为主，以分散式供电为辅。我国国家标准规定直流供电电压等级为750 V和1500 V两种，通常根据车辆、线路结构、电气设备水平等因素来决定采用何种电压等级。我国的市域快轨列车适合双供电制式，可在交流25 kV的高速动车组供电系统和直流1500 V的地铁列车接触网之间切换，实现在高速动车组轨道上和地铁线路共轨运营。

(3) 在受流方式方面，轨道交通的接触网方式包括架空接触网、接触轨和感应式三种。架空接触网是指沿走行轨顶部架设由承力索、接触线以及支持装置构成的"之"字形接触网。列车通过安装在顶部的受电弓受电，供给车辆电气设备。接触轨供电则是沿走行轨敷设一条与线路平行的附加轨道，列车集电靴与其接触摩擦取电。接触轨又称为第三轨，结构较简单，易于安装。感应式供电体现在采用长定子直线电机的磁浮线路上，对安装在轨道上的定子供电，安装在车辆上的转子不供电，车辆受力和电器设备供电则依靠电磁感应发电提供列车驱动力。

1.1.2　国内外城市轨道交通发展概况

世界上第一条有轨公共马车于1827年出现在纽约百老汇大街上。伦敦是地铁的诞生地，一条由英国律师皮尔逊投资建设的地下城市铁路于1863年1月10日正式通车运营。1881年，德国研制出架空接触导线供电系统，使电动车辆的供电线路由地面转向空中，电动车辆的电压和功率都大大提高。1890年，英国首次用电力机车牵引车辆，地下铁道也改用电力牵引，地铁的环境条件大为改善。世界上第一个投入商业运行的有轨电车系统来自于1888年美国弗吉尼亚州的里士满市。1908年，我国第一条有轨电车在上海建成通车。

我国智能轨道交通的发展呈现出如下特点。

(1) 我国的城市轨道交通正处于快速发展时期。我国的城市轨道交通从建成至今，已有近50年的历史，这期间经过了起步、建设、调整及建设高潮阶段。现阶段，轨道交通已经成为城市发展不可或缺的元素。截至2016年末，我国累计有30个城市建成投运城市轨道交通线路134条，运营里程近4153 km。2016年新增了18条运营线路，里程535 km，创历史新高。2016年新增福州、东莞、南宁、合肥4个运营城市。

(2) 高端技术推动我国轨道交通的智能化发展。智能化、信息化、数字化技术的应用和推广为轨道交通快速和可持续发展提供了坚实的基础，成为我国轨道交通快速、健康、可持续发展的有力保证。

(3) 新能源、新技术、新材料引领城市轨道交通走向节能环保。新能源方面，城市轨道交通为分布式光伏的电力消纳问题找到了一条崭新的路径。新技术方面，城市轨道交通储能技术逐步发展，机车制动能量得以回收利用。新材料方面，阻尼材料、铝制车体、高性能橡胶材料等高分子减振降噪产品以及高分子复合改性材料和新型绝缘材料的研发应用，引领城市轨道交通向低噪音、低振动方向发展。

(4) 我国城市轨道交通装备制造业的产业链基本形成。目前，我国城市轨道交通装备制造的国产化率已基本达到了70%，后期的各种服务环节也有很大改善，设备定期的维护、维修也由相关企业承担。城市轨道交通装备制造业的产业链各个环节基本形成，整个产业链也趋于完整。

1.2 研究范围和内容

1.2.1 轨道交通线上工程技术界定

从不同的角度出发(如经营范围、系统制式、系统容量、路权、车辆类型等),我们可以对轨道交通进行不同性质的分类。按线路运营范围划分,轨道交通可以分为铁路、城际轨道交通、城市轨道交通三大类。

轨道交通是一个包含了规划、设计、勘探、工程建设、车辆制造、通信信号、供电、防灾报警、给排水、消防、环控和运营管理等庞大范围的领域。本课题从总承包企业的角度出发,将已经比较熟悉的工程建设领域(勘察、设计、施工)之外的技术领域称为轨道交通线上工程,即供电、信号、通信、综合监控系统等技术领域。

1.2.2 本书主要研究内容

为了促进我国城市轨道交通产业的快速发展,需要引进和吸收国外的先进技术和管理经验。在引进和吸收国外先进技术的过程中,我们要重视对技术的消化、吸收和提高,力求掌握具有自主知识产权的先进核心技术,以摆脱国际垄断集团的制约,从而抢占产业发展的制高点。同时,要不断积累经验,注重对自身技术研发能力的培养。本书主要研究内容包括供电技术、通信系统、信号系统、自动售检票系统、火灾自动报警系统、综合监控系统、环境与设备监控系统、门禁系统、屏蔽门及站台施工技术等,下面简单介绍以下方面的内容。

1. 综合监控系统

综合监控系统是以行车指挥与列车运行自动化为核心的复杂系统,它包括通信系统管理、车站设备监控、电力监控等各个职能系统的运行管理和综合监控。

综合监控系统的智能化体现在集成的实现上,可以从横向和纵向两个维度来设计。

2. 信号系统

信号系统是城市轨道交通自动化系统的关键部分,是保证列车和乘客安全,以及实现列车高效运行、管理有序的自动控制系统。

从闭塞方式来考虑,列车自动控制系统可以分为固定闭塞方式自动控制系统、准移动闭塞方式自动控制系统和移动闭塞方式自动控制系统三类。

目前,我国有轨电车信号控制系统的实施经验相对缺乏。有轨电车交通综合自动化系统是通信、信号和信息化综合的运行控制系统,可建立无线通信专用网络。在加强现代有轨电车车地双向通信技术研究的同时,可以使我国现代有轨电车交通综合自动化系统向通信信号一体化、网络化、信息化、智能化方向发展。

3. 自动售检票系统

轨道交通自动售检票系统是基于计算机、通信网络、自动控制等技术,实现售票、检票、计费、收费、统计、清分、票务管理等全过程自动化的系统。

根据设备和子系统的管理职能、位置和功能等因素,一般可将自动售检票系统分为清分中心系统、线路中央计算机系统、车站计算机系统、车站终端设备、票卡五个层次。

自动售检票系统未来将向三个方向发展:①地铁互联网加应用融合;②大数据建立与应用;③云技术应用与云服务。

第2章　供电技术

2.1　城市轨道交通供电系统的模式

城市轨道交通供电系统的作用是变压、整流、传输或馈送电流。城市轨道交通供电系统分为外部电源、主变电所或电源开闭所、牵引供电系统、动力照明供电系统、电力监控系统等。以下介绍外部电源模式和内部供电模式。

2.1.1　外部电源模式

外部电源模式包括城市轨道交通供电系统从城市电网引入高压或中压电源，再将引入的外部电源进行电压转换或直接分配至轨道交通的牵引变电所或降压变电所，由牵引变电所和降压变电所分别为轨道交通运行主体的车辆和辅助用电设备（动力照明负荷）供电。

轨道交通从外部电源引入的模式上一般分为集中供电、分散供电和混合供电三种。国内除一些城市采用分散供电模式，部分线路采用混合供电模式外，大部分城市均采用集中供电模式。

1. 集中供电模式

集中供电模式是指设置数量不等的主变电所，从若干个有限的集中点获取电能。城市轨道交通电力系统所有电能均通过主变电所获取。集中供电模式是目前我国轨道交通的主要供电模式。我国许多城市（如上海、广州、南京、香港、深圳、成都等）地铁均采用集中供电模式。图2-1就是典型的城市轨道交通供电系统集中式供电-牵引降压联合供电模式。

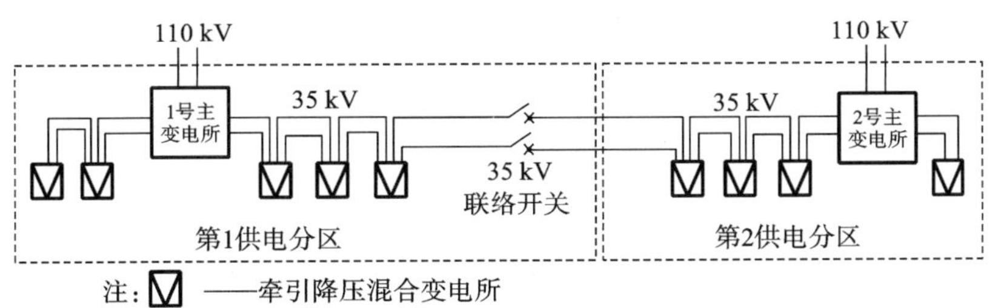

图2-1　城市轨道交通供电系统集中式供电-牵引降压联合供电模式

集中供电模式的优点如下。

(1) 受电点少，要求公用电网提供的备用容量低。

(2) 隧道外电缆敷设量少，通道易解决，隧道内敷设量多，有利于电缆的施工和维护。

(3) 受外部电网影响小，有利于形成轨道交通电网，可靠性、安全性高。

(4) 供电资源共享，可提高供电可靠性。

(5) 与公用电网相互影响小，可监测和处理谐波。

(6) 在运行过程中便于集中管理，电网损耗相对较低。

从经济性方面来讲，集中供电模式下的交叉和邻近线路供电不仅能节约土地资源，还可以充分利用公用电网的电力资源。但这种供电模式需要建立主变电所和电力通道，投资相对较高。

由于目前我国电力资源紧缺，电力调度控制技术还无法满足城市轨道交通综合控制的要求，集中供电模式因此成为现阶段我国城市轨道交通的主要供电模式。这种供电模式主要的缺点是必须设置专门的供电机构，其运营管理较为复杂。同时，没有和国家电力系统实现资源共享，会造成不必要的浪费。此外，就目前状况来看，电力和城市轨道交通两部门的信息资源共享还无法实现，集中供电模式易造成信息的断路，引起不必要的损失，从而影响城市轨道交通的安全可靠运行。

2. 分散供电模式

城市轨道交通的电能来源于所在城市的国家电力系统，它直接取自城市或区域电力网。城市轨道交通电力网供电系统是指国家电力网以某种方式向城市轨道交通供电。因此，城市电网或区域电力网的结构必将对城市轨道交通供电系统起着决定作用。

分散供电模式即不设置专门的主变电所，根据城市电网的实际情况，分别从不同地点获取电能。该模式不便于集中管理和实施综合控制技术(如行车调度、电力调度、环境控制等一体化管理)。

分散供电模式的优点是可以降低城轨交通系统建设的一次性投资，充分利用国家的电力资源；但同时也需要进行多座城市电网变电所的增容扩建，需要轨道交通部门和电力公司多次沟通协商，并且要求城市电网具有较大承载能力和高效的调度控制水平。随着国家电网运行水平的提高，分散供电模式也逐步得到广泛应用。到目前为止，北京城市轨道交通 1 号线、2 号线、4 号线、5 号线、9 号线、10 号线，长春轻轨以及大连轻轨等都采用这种供电模式。

3. 混合供电模式

混合供电模式是以集中供电模式为主、分散式供电模式为辅的供电方式，作为一些地区集中供电的补充使用城网电源。使用混合供电模式，供电系统将更加稳定、完善，但管理也随之复杂。混合供电模式是介于集中供电模式和分散供电模式之间的一种结合方案，它吸收了集中供电模式和分散供电模式各自的优点，系统方案灵活、可靠、经济。

混合供电模式可以根据轨道交通的需要、城市电网的现状以及城市电网未来的规划，选择不同的侧重供电模式。有时以集中供电模式为主，分散供电模式为辅；有时以分散供电模式为主，集中供电模式为辅。

2.1.2 内部供电模式

城市轨道交通供电系统的主要作用如下：一是把满足质量要求的电能可靠、安全地输送到轨道交通运行的主体车辆上；二是把满足质量要求的电能可靠、安全地输送到辅助用电设备(动力照明负荷)等各支持系统上。

1. 牵引、降压联合模式

牵引、降压联合模式的生产任务包括以下几点。

(1) 对于直流牵引供电，正常运行时，两套整流机组并联运行，接触网越区隔离开关打开，与相邻牵引变电所构成双边供电方式，共同向供电范围内的车辆供电。当该牵引变电所解列时，相邻的牵引变电所通过直流母线或接触网越区隔离开关恢复对该区段的供电，实现大双边供电。

(2) 对于动力变压器供电，正常运行时，降压变电所的两台动力变压器分列运行，负责其供电范围内的全部负荷的供电。当一台动力变压器退出运行时，切除三级负荷，由另一台动力变压器负责向其供电范围内的全部一、二级负荷供电。

2. 牵引与降压混合相对独立模式

牵引与降压混合相对独立模式设置了独立的牵引变电所和独立的降压变电所，二者之间影响较小。

牵引变电所两路 35 kV 进线电源来自城市电网区域变电所或地铁主变电所，正常运行时，两路进线电源分别向所连接的 35 kV 母线供电，母联断路器断开。当一路进线停电时，母联断路器合闸，由另一路进线向原供电区域内的负荷供电。两组整流机组均由相同的牵引降压变压器和整流器组成，它们的直流侧并联工作，两个二次绕组和整流器组成多相整流，整流器输出的直流电的正极(＋)经直流高速空气开关接到直流侧的正母线上，直流电的负极(－)经开关接到负母线上，通过直流馈线将电能送到接触网。

而降压变电所是为车站与线路区间的动力、照明负荷和通信信号电源供电而设置的。降压变电所对供电电源的要求应按一级负荷考虑，由环形电网或两路电源供电，进线电压侧采用单母线分段接线，一般设有两台动力、照明变压器，每台变压器应满足一、二级负荷所需的容量。正常情况下，两台变压器分别供电。动力、照明的一级负荷包括排烟事故风机系统、通信系统、防灾报警系统、售检票系统、门禁系统等，此类负荷如中断供电，将导致地下车站及其通信信号设备无法工作，引起列车运行秩序混乱，并在发生事故时不能报警和消防。二级负荷包括车站、线路区间和作业场所的工作照明，地下车站风机，排水、排污泵，自动扶梯，人防工程等。此类负荷一旦断电，将对正常运营造成影响。除上述一、二级负荷以外，维修、清扫机械、空调等其他动力和照明均属于三级负荷。

2.2　城市轨道交通车辆供电制式

在受流方式上，城市轨道交通的供电制式主要有接触轨和架空接触网两种形式。接触轨如图 2-2 所示。

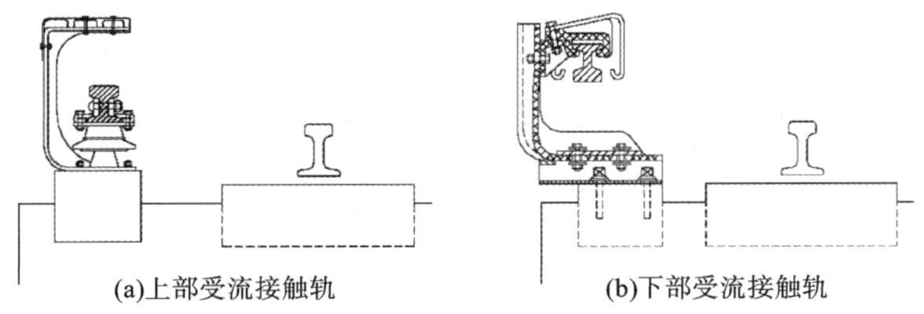

图 2-2　接触轨

接触轨供电方式指车辆通过受流器获得电能。接触轨供电方式适合多种电压制式，如伦敦、纽约的地铁采用直流电压 600 V 供电，巴尔的摩的地铁采用直流电压 700 V 供电，圣地亚哥、加拉加斯、墨西哥城、圣保罗、巴黎等城市的地铁采用直流电压 750 V 供电，莫斯科、圣彼得堡、基辅等城市的地铁采用直流电压 825 V 供电，旧金山的地铁采用直流电压 1000 V 供电，巴塞罗那的 3 号及 4 号地铁线路采用直流电压 1200 V 供电，哥伦比亚麦德林的地铁采用直流电压 1500 V 供电。

接触轨亦称第三轨,通常是沿地铁旁铺设第三根钢轨,一般均较正线钢轨略轻。但巴尔的摩地铁的第三轨采用 42 kg/m 外包铝的钢轨,电能由此通过受电器引入电动车内。虽然这种外包铝的钢轨比用全钢钢轨作第三轨的造价高,但其导电率远高于全钢钢轨,在运营中能够减少电能损失,可以补偿多使用的材料。其后,大阪和横滨的地铁也采用这种包铝的钢轨作第三轨,效果良好。同时,日本已将其定为国家标准。随后,巴塞罗那的地铁也采取同样方法作第三轨供电。

架空接触网供电方式指车辆采用受电弓受流方式,可以采用不同等级的电压。架空接触网如图 2-3 所示。例如,伊斯坦布尔的地铁采用直流电压 750 V 供电,巴塞罗那 2 号、3 号及 5 号地铁线采用直流电压 1200 V 供电,那不勒斯、开罗、毕尔巴鄂、巴伦西亚、上海、仙台、京都、米兰、都灵等城市的地铁采用直流电压接触网供电,直流电压为 750 V 或 1500 V,巴西的累西啡、阿雷格里港等城市的地铁均采用直流电压 3000 V 供电,东京的地铁除采用第三轨直流 600 V 以及 750 V 供电外,还采用直流电压 1500 V 架空线供电。还有少数城市的地铁采用交流电输电,如美国波士顿地铁红线行驶的地下地上双用车辆即以交流电驱动。

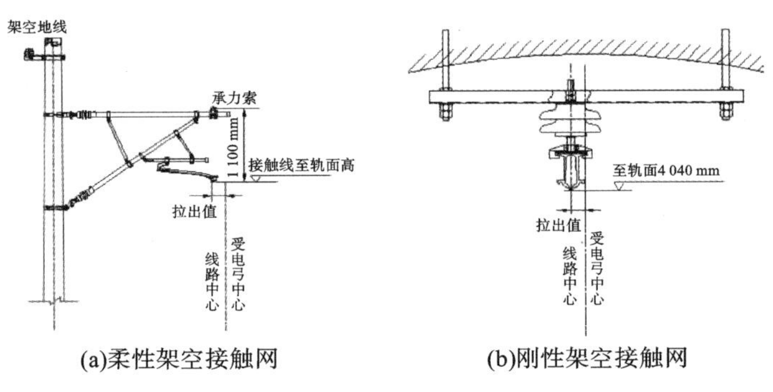

(a)柔性架空接触网　　(b)刚性架空接触网

图 2-3　架空接触网

不论哪种方式,也不论采用何种电压,供电距离都是设计者所关心的重点之一。一般情况下,不同电压等级的最大牵引供电距离如下。当直流电压为 1500 V,供电距离为 6～10 km;直流电压为 3000 V 时,供电距离为 10～15 km。直流电压为 750 V 时,供电距离为 3～5 km;直流 1500 V 电压相对直流 750 V 电压供电距离较长,牵引变电所数量少,可以相对减少初期投资。但由于线路较短,且城轨线路是以城市区域面进行规划的,因而这种效应并不太明显。只有城市轨道交通网络发展到一定规模,它的价值才会凸现出来。此外由于采用直流 1500 V 电压,电能损耗较少(同样负荷情况下,损耗减少近 50%),可以减少运营成本。但由于采用直流 1500 V 电压造成隧道断面扩大,也扩大了投资。采用直流 750 V 电压可以减少约 15%的隧道断面,而且在采用第三轨方式时,较直流 1500 V 架空式运营维护量少。

世界范围内,城市轨道交通牵引网电压等级分类多,仅直流制(从直流 400 V 至直流 3000 V)就有近二十种。早期线路普遍采用直流 750 V 及以下电压等级,随着电子技术的发展,直流 1500 V 以上电压等级得到广泛应用。目前,国际电工委员会(IEC)推荐采用的直流电压等级有直流 750 V、直流 1500 V、直流 3000 V 三种。其中,以直流 750 V 和直流 1500 V 两种应用最广,如尼斯和美国波特兰港轻轨、泰国曼谷地铁采用直流 750 V,土耳其布尔萨轻轨和中国香港地铁采用直流 1500 V。

其中，直流 1000 V 以下供电电压的线路约 80％采用接触轨形式，直流 1500 V 以上供电电压的线路约 90％采用架空接触网形式。有些国家（如日本、英国）规定，供电电压为直流 1500 V 时不得采用接触轨。

截止到 2014 年底，国内已开通运营的城市轨道交通线路有 84 条，牵引网电压等级分为直流 750 V 和直流 1500 V 两种。

2.3　城市轨道交通供电系统供电模式的选择

1. 影响城市轨道交通供电系统供电模式的主要因素

（1）安全、可靠运行的要求。

城市轨道交通供电系统是城市轨道交通的能源补给线，它对城市轨道交通的影响是全面的。一旦供电系统出现问题，将会导致城市轨道交通的混乱和瘫痪。因而，设计者应把城市轨道交通供电系统的安全、可靠运行放在首位，宁可多增加投资，也要留有充足的安全余度。基于这种理念，目前的设计者多采用集中供电模式，建有独立的 SCADA 系统，安全且可靠运行的水平较高。

（2）投资计划的影响。

城市轨道交通供电系统受投资影响很大，不同的供电模式所需资金也相差巨大，因此必须结合实际和当地经济发展的水平，选择合适的供电模式。

（3）传统思维模式的影响。

受制于传统思维模式，人们不喜欢合作与共享，总认为建立自己的系统不会受制于人，城市轨道交通建设也存在这类问题。但随着社会的进步、观念的改变、科学研究的发展，一些不合时宜或缺乏科学的作法和认识会逐步被淘汰。城市轨道交通建设作为一个庞大的系统，会逐步走向专业化管理，将更多专业化管理运营项目推向社会。从而化解运营风险，降低运营成本，提高维护效率和质量。同时可以充分利用社会或其他行业的专业人员，如高压电力、空调制冷、车辆维护等方面的人才资源，以减少专业人员的储备，降低人才消费的成本。

2. 确定城市轨道交通电力系统的供电模式

（1）根据城市电网结构的具体情况确定。

对于城市电网结构发达的城市，可在增加容量的情况下，采用分散供电模式。对于城市电网结构相对不足的城市，可采用集中供电模式。根据城市轨道交通线路情况和城市电网结构，还可以和电力部门共同协商，采用集中供电和分散供电相结合的模式。

（2）根据城市轨道交通的规划确定。

城市轨道交通的近期规划和远期规划直接影响轨道交通供电系统的供电结构及模式，如电网结构、所入容量等。供电系统的运输能力需求应按最大预测设计来选择供电模式。

（3）根据城市轨道交通的研究水平确定。

在实际决策中，应积极采用拥有自主知识产权和技术研发能力的供电模式，从而推进城市轨道交通的研究发展和未来供电模式的进一步优化。

3. 城市轨道交通供电系统供电模式的评价标准

（1）安全性与可靠性。

城市轨道交通供电系统的安全性与可靠性体现在以下几个方面。一是必须保证不间断供电。二是必须保证供电质量,供电质量的好坏直接影响设备运营,甚至影响其安全。当电压不能满足车辆要求时,车辆会跳闸,造成停运的严重后果。三是保证人身安全和贵重高压电气设备的安全。四是具有一定的抗御外界环境影响的能力,如在大风、大雪、雷雨、雷电、高温等情况下,首先不能影响正常运营,其次保证不会出现安全问题,或能够缩小故障范围,尽量减少损失。五是要求城市轨道交通供电系统不会对周围环境或其他事物造成危害,如减少杂散电流,减小对城市管线、通信设施、高楼等的损害,以及减少对居民生活的影响。

(2) 经济性。

城市轨道交通供电系统必须科学建设和运营,以获得较好的效益。主要体现在以下方面。一是采用科学合理的结构模式,减少一次性投资和资金偿还的压力。二是建成后,采用合理科学的运行模式,提高效能,节约用电。三是要有全网电力规划的概念,要结合未来整个城市的轨道交通网络,进行供电系统的建设,并选择更为科学的模式。

(3) 灵活性。

首先,在事故、正常、非正常状态下,城市轨道交通供电系统应能灵活选择不同的运行方式,以满足运营要求。其次,在进行模式变化时,应力求灵活、操作简单。

4. 城市轨道交通供电系统建设的建议

通过分析,建设轨道交通时,应根据不同的地区选择不同的供电模式。而且,城市轨道交通供电系统和城市电网应具有深度融合基础,能充分发挥电力公司的建设经验和运营管理水平,把城市轨道交通供电系统大胆地分化给电力公司,实行专业化运营模式,既可以减少运营费用,又可以发挥电力公司的专业能力。为此,对城市轨道交通供电系统的建设提出以下建议。

(1) 积极促进电力部门参与城市轨道交通供电系统的建设与运营工作。对于集中式供电,建议轨道交通 10 kV 以上电网的建设由电力部门承担建设运营与维护工作。远期可实施城市轨道交通供电系统全部由电力部门承担。对于这种新理念,不但要求城市轨道交通公司要敢于接受,而且电力部门也要敢于承担其社会责任。

(2) 因地制宜,选取科学合适的供电模式。

首先要和隧道的形式选择相结合,包括断面形状的选择、断面的大小等。其次对于电压等级、受流方式和电网结构的选择,甚至运营模式的选择,要敢于创新,不要照搬照抄,更不要盲目攀比。对于不同结构形态的城市,如有的城市属于狭长结构,有的城市属于环形结构,要根据实际情况,科学制定。

(3) 渐次合作。

应积极推进电力部门与城市轨道交通公司合作的深度。如在建设期可以开展项目合作,把部分建设任务交由电力部门,在运营期,可以采取维修、维保全权委托的方式。总之,在双方共赢的基础上,充分利用本地现有资源,努力实现“集中供电、资源共享”或“资源共享、分散供电”的目标。

2.4 刚性接触网的供电和优化研究

2.4.1 接触网供电

轨道交通车辆供电方式分为架空接触网与接触轨，其中架空接触网又分为简单悬挂、链形悬挂和刚性悬挂。简单悬挂和链形悬挂都属于柔性悬挂。接触轨又分为上磨式、下磨式、侧磨式三种。接触网的电压为直流 1500 V，接触轨的电压又分为直流 750 V 和直流 1500 V 等不同的等级。不同种类适应的工况不同。

刚性悬挂是和柔性悬挂相对应的一种接触悬挂方式，刚性悬挂要考虑整个悬挂导体的刚度。

架空刚性悬挂是刚性悬挂的一种，一般采用具有相应强度的导电轨或具有相应刚度的汇流排与接触线组成。架空刚性接触网有两种典型代表(以汇流排的形状分)，即以日本为代表的“T”型结构和以法国、瑞士等国为代表的“π”型结构。

单接触线式“π”型架空刚性悬挂主要由汇流排、接触导线、伸缩部件、中心锚结等组成。接触悬挂通过支持与定位装置安装于隧道顶或隧道壁上。简单而言，架空刚性悬挂用刚性汇流排代替了柔性悬挂的上部承力索。

对应于架空式刚性接触馈电模式，车辆提供的受流设备也是受电弓，二者联合完成电能的传输。刚性接触网受电弓和悬挂典型图如图 2-4 所示。

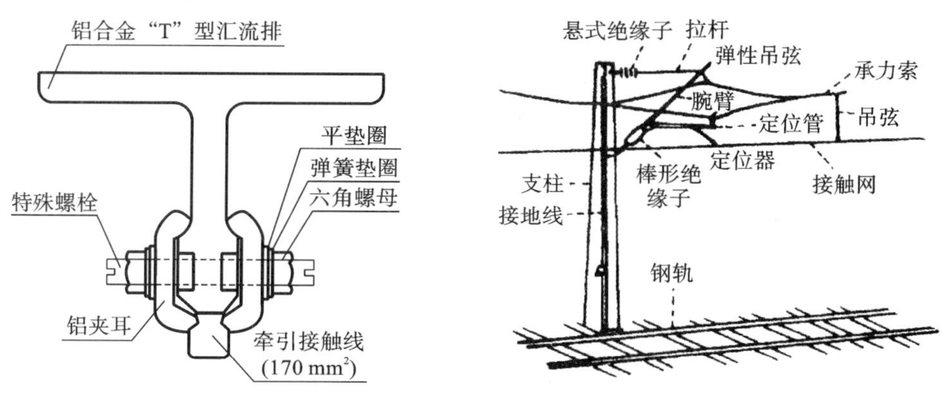

图 2-4 刚性接触网受电弓和悬挂典型图

2.4.2 优化研究

1. 优化需求

接触网的优化应遵循标准统一、维护成本低、载流截面大、安装方便的原则。因此在地下隧道段选择刚性直流 1500 V 接触网，地面、高架及出入段线采用柔性悬挂。两种接触网调整支架图和接触网调整支架大样图分别如图 2-5、图 2-6 所示。

2. 创新点

金钟河大街车站及相邻地下段隧道内采用架空“π”型刚性悬挂，采用关节式和贯通式刚柔过渡形式，为后期可能产生的变形提供富余量，调整灵活，实现刚性接触网的缓坡调节。

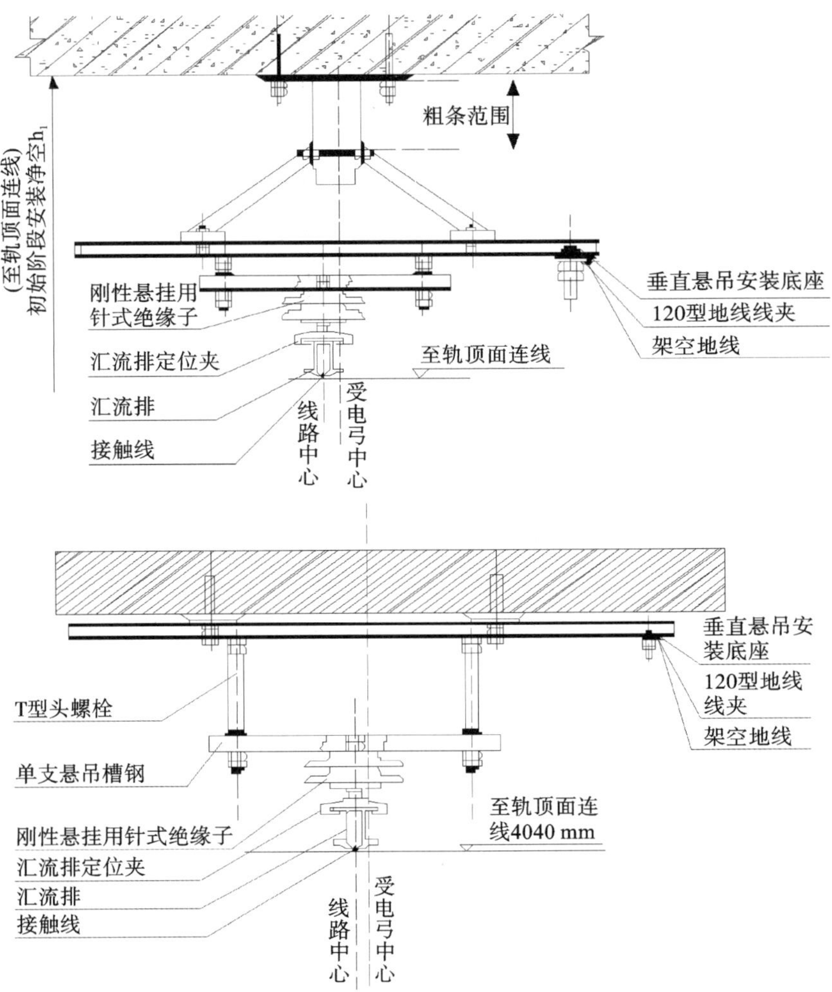

图 2-5 两种接触网调整支架图

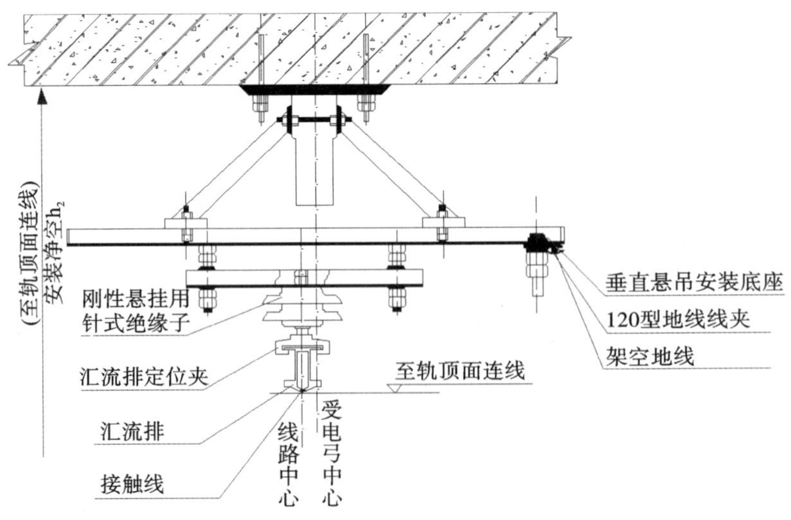

图 2-6 接触网调整支架大样图

2.5　刚性接触网施工流程

1. 施工工艺流程

刚性接触网施工工艺流程如图 2-7 所示。

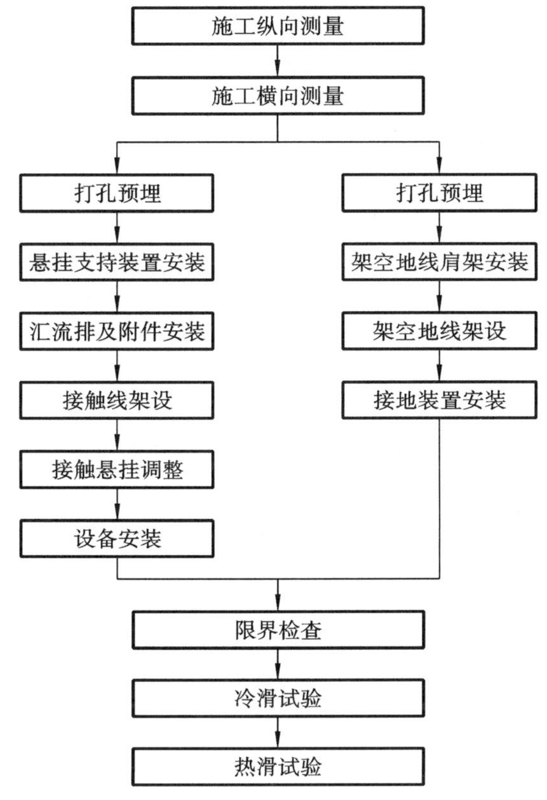

图 2-7　刚性接触网施工工艺流程

2. 施工要点及方法

刚性接触网施工要点及方法详见表 2-1。

表 2-1　刚性接触网施工要点及方法

施工工序	施工要点及方法	示意图
施工测量	用粉笔或油漆在钢轨上作好标记，并注明锚段号和悬挂定位号，按拉出值方向在对应隧壁上标记“十”字形标志，并标注定位点号、安装类型及拉出值、导高等数据，站台等要装修的地方还应在轨腰外侧标记定位点数据	

续表

施工工序	施工要点及方法	示意图
打孔预埋	孔深、孔距等尺寸符合要求，并做好钻孔记录； 锚栓安装到位后，严禁再触动锚栓，保持稳定 5 min 后撤下电钻； 严格按设计规定的测试负荷和抽检数量进行拉力测试	
悬挂支持装置安装	安装到位稳固，支撑面顺线路铅垂； 所有调节孔位均应居中安装，以保证充分的调整余量； 调整螺栓应有不小于 15 mm 的调节余量	
汇流排及附件安装	汇流排安装应从关节或分段绝缘器处开始； 汇流排对接口应密贴，开口过渡应平滑顺直，连接端缝平均宽度不大于 1 mm； 悬挂线夹能够水平灵活转动，线夹包夹固定汇流排，两片线夹安装平整，不得相互错位，允许汇流排在温度变化时顺线路自由滑动	
接触线架设	架线作业车组以不大于 5 km/h 的速度匀速架线； 接触导线嵌入汇流排前必须在两凹槽内均匀注入导电油脂，且应无遗漏	
接触悬挂调整	导线高度允许安装误差为±5 mm，相邻的悬挂点相对高差一般不得超过所在跨距值的 1‰，接触线拉出值允许误差为±10 mm，且不得超过最大设计值； 刚性悬挂设计坡度变化应不大于 1‰，受电弓双向通过锚段关节、道岔、分段绝缘器时应平滑无撞击	
限界检查	限界检查分初检、复检两次，初检在接触网冷滑试验前进行。复检沿全线检查运营列车可能达到的所有地方的限界，检查车组以 5 km/h 的速度低速行驶。遇侵限物时，检测车会发出报警信号和侵限部位指示，停车对侵限处进行复测，记录侵限物名称、位置、侵限值	
冷、热滑实验	检查车组分别按照 5 km/h、20 km/h、60 km/h 的速度行驶，检查每一处悬挂点、电连接、过渡关节、线岔、分段绝缘器、开关及引线连接、接地金具等所有部件，并检查每处绝缘距离、限界、过渡状态、导高、拉出值等	

第3章 通信系统

作为轨道交通网络化运营的重要支撑，实现信息资源的共享和互联互通是通信系统必须承担的核心功能之一。但在长期的轨道交通规划和建设过程中，受到投资力度及建设周期和方法等诸多因素的影响，城市轨道交通一般采用了分线路、分阶段的建设模式，通信系统也按此模式进行建设。同时，通信技术和设备发展迅速以及线路建设周期长等因素造成不同线路上选用的通信组网方式、系统间的接口方式、设备的制式等均存在差异性，给城市轨道交通的全网互连互通和资源共享带来了挑战。一方面，轨道交通的网络化运营要求通信网络能实现全网的互联互通。另一方面，由于设备的制式、接口不统一等因素，难以实现全网的互联互通和资源共享。本文针对这一问题，提出了建设全网互联互通网络化通信系统的基础架构和方法，并将之应用于实际的轨道交通网络化运营中。

3.1 城市轨道交通通信系统的要求

城市轨道交通通信系统应满足以下要求。

(1) 地铁通信系统应满足适应运输效率、保证行车安全、提高现代化管理水平和传递语音、数据、图像等各种信息的需要，并应做到系统可靠、功能合理、设备成熟、技术先进、经济实用。

(2) 地铁通信系统不仅应满足新建线路运营和管理的要求，还应与已建线路通信系统实现必要的互联互通，并应为今后其他线路的接入预留条件。

(3) 确定地铁通信系统总体方案及系统容量时，应将近期建设规模和远期发展规划相结合。

(4) 地铁通信系统一般由专用通信系统、民用通信引入系统、公安通信系统组成。其中，专用通信系统由传输系统、无线通信系统、公务电话系统、专用电话系统、视频监视系统、广播系统、时钟系统、办公自动化系统电源系统及接地、集中告警系统等子系统组成。

(5) 专用通信系统应满足正常运营方式和灾害运营方式的通信需求。在正常运营方式时，应为运营管理提供信息。在灾害运营方式时，应为防灾、救援和事故处理的指挥提供保证。

(6) 民用通信引入系统应满足地铁公众通信服务，可将电信运营商移动通信系统覆盖至地铁地下空间，也可引入公用电话。

(7) 公安通信系统应满足公安部门在地铁范围内的通信需求，并应在突发事件发生时，为公安部门在地铁内的应急调度指挥提供保证。

(8) 地铁建设应结合通信技术的发展和运营需要，设置不同水平的通信系统。在满足可靠性、可用性、可维护性及安全性的条件下，专用通信系统、民用通信引入系统和公安通信系统宜实现资源共享。

(9) 通信系统设备应符合电磁兼容性的要求，并应具有抗电气干扰的性能。

(10) 通信系统各子系统均应具有网络管理功能。主要通信设备和模块应具有自检和报警功能，中心网管设备科采集和监测系统设备运行状态和故障信息。

(11) 通信系统应对有线及无线调度、中心广播等重要语音录音,录音设备宜集中设置。

(12) 隧道内托板托架、线缆的设置严禁侵入设备限界,车载台无线天线的设置严禁超出车辆限界。

(13) 通信系统工程设计选用的电气装置、电子设备应满足国家现行有关过电压、过电流指标及端口抗扰度试验标准的规定。通信系统应采取防雷措施。

3.2 各系统的原理和设置

3.2.1 传输系统

1. 通信传输系统在轨道交通中的作用

安全可靠、足够的扩充性和能够独立运行的通信传输系统是信息基础建设中的一个重要组成部分,同时也是一个保障轨道交通系统的正常运行和管理的信息传输途径。另外,通信传输系统在城市轨道交通通信系统众多子系统中占据最关键的地位。它为提高列车的运行效率以及自动化运行和自动化调度提供了一种全新的方式,促使城市轨道交通各个部门相互联系在一起。同时,通信传输系统也是一个独立健全的城市轨道交通内部通信网络,能实时展现列车的运行状况并对列车运营进行管理。

2. 几种通信传输系统的比较以及应用情况

通过分析来看,目前有四种传输技术适用于城市轨道交通的多种业务传输,即分别是基于同步数字序列的多业务传输平台、异步传输方式、弹性分组环技术以及开放式传输网络。

(1) 多业务传输平台。

目前使用的大部分多业务传输平台都是第三代多业务传输平台技术,这种传输技术拥有同步数字序列的所有优势,可以同时配合接入技术达到传输业务的要求。多业务传输平台技术的特点包含如下几点。①具有能够与准同步数字系列兼容的网络体系,并且可以与多种接口连接。②使复杂的结构简洁化,能用多种协议处理。③为了让以太网达成带宽共享,并且实现带宽管理、统计和保护环路的功能,使用了业务透传和二层汇聚与交换技术。④能够与同步数字序列的通道防护和复用段防护共同处理,提供 VP-Ring 保护。⑤能够安全可靠的进行传输和进行自我修复程序,保留了同步数字序列的防护优点,从而提高了工作效率,减少了通道防护修复所需的时间。

多业务传输平台能够将轨道通信系统和业务系统结合成一个整体,可以提高工作效率,减少系统的运营成本,目前有很多优秀的提供多业务传输平台技术的厂家可供选择,比如 E-CI、朗迅、阿尔卡特、马可尼、中兴、华为、泰乐等。多业务传输平台技术在轨道交通通信网络传输系统中已被越来越多的企业选择,将拥有越来越重要的位置。多业务传输平台具有先进技术、标准设备和网络管理能力强大、组网能力灵活等优点,而且还提供多种标准接口的服务,比如 ATM、Ethernet、SDH 标准接口,其业务范围广阔,被许多通信公司采用。但是该系统也有一些不足之处,每个设备的处理板卡会检测每个业务的同步数字序列 MAC 地址。由于环路上的节点数量众多,处理速度不够快。另外,因为数据的传输仍旧使用 PPP 或者 ML-PPP 映射这种效率低下的方式,额外浪费了很多带宽。

(2) 开放式传输网络。

开放式传输网络能够灵活地支持多协议处理。开放式传输网络在原理上是使用时分复用体制的复用技术，所以每路信号占据了一定的比特位组，信道依据信号占据的位置标志，保障了业务的 QoS。这两种传输技术的差异是开放式传输网络的帧结构不同。开放式传输网络的特点如下。①让语音、图像和数据变为一体，传输和接入同时进行，窄带与宽带相通。②根据用户的需要来分配带宽，提高了带宽的利用效率。③分布式网络结构使组网和升级扩容工作变得灵活方便。④具有标准化的 E1/T1/D3 音频接口，以及 10Base-T/100Base-TX，RS-232，RS-422，RS-485 等数字接口。⑤应用不需要接入设备就可以连接上开放式传输网络使用服务。⑥能够进行图像和语音信号的多点广播。⑦能够进行自我修复，具有很高的安全可靠性。

（3）同步数字序列＋异步传输模式。

传统的同步数字序列传输技术由于信道固定，所以能完全保障各种业务的 QoS，不用经过繁复的协议，具有很高的实时性，这正是各种无线音频、广播宽带音频、公务电话、调度电话、无线控制数据、广播控制数据、时钟信息、闭路电视控制数据、电源监控数据、BAS/FAS 数据、AFC 数据、信号 ATC 数据、电力 SCADA 数据、电力监控等许多业务都对实时性有很高要求的原因，并且要求完全保障 QoS。传统的同步数字序列优点如下。①接口统一、技术含量高、网络管理能力强、支路分插能力灵活。②灵活的组网能力可以组成各种不同的拓扑结构。③系统有很强的升级扩容能力。④具有复杂的保护程序，通过子网连接保护、通道保护和 MSP 保护之间的相互配合，能够充分保证网络的安全可靠性。但是窄带业务不能提供宽带视频、局域网的接口和传输，传输通道单一，不能实现动态分配带宽等。

同步数字序列＋异步传输模式是一种成熟、标准的方式，具有网络管理能力强大、组网能力灵活和足够的扩充能力等优点。但它也有缺点，例如，要求有两个网络同时工作，不能进行统一管理。所需成本高，而且异步网络传输模式的效率不高，性价比低，对于经销商来说经济利益不大。

（4）弹性分组环技术。

弹性分组环技术的提出是为了优化数据包，提高其传输效率。

弹性分组环技术的优点如下。

①通过空间和统计复用技术分配给用户需要的带宽从而提高带宽效率。

②可以优化数据又能支持 IP 的突发特点。

③能够通过不同等级的服务与环保护功能保证数据业务的实时性要求。

④弹性分组环技术的实时性和故障倒换时间可以与同步数字序列技术相比。

3. 对比分析

根据以上分析，城市轨道交通通信传输系统将来会是多种传输技术结合并存。多业务传输平台、开放式传输网络和同步数字序列＋异步传输模式都已经成功地应用到实际当中，而弹性分组环技术也在发展中变得越来越完善。满足轨道交通传输发展的技术都是可以选择和使用的，同时也能减少运营成本。轨道交通传输网络可以选择单一的方式或通过多种方式和技术相混合组网，这取决于实际情况和技术水平，需要具体问题具体分析。单一方式组网可以选择多业务传输平台，也可以选择开放式传输网络。但当前多业务传输平台技术还不能很好的处理数据业务，所以可以选择多业务传输平台与弹性分组环技术或者 IP 相互混合的方式组网，由多业务传输平台技术负责语音和低要求的数据传输，弹性分组环技术或 IP 负责视频等高要求的数据业务。无论组网方式如何，运营商都应该选择一种相对成熟且安全可靠的先进技术，以提高工作效率。

3.2.2 无线通信系统

1. 各类业务特性分析

轨道交通对车地无线系统的需求主要体现在信号和通信系统方面,其主要需求如下。

(1) 用于传输列车控制信号业务。

(2) 用于传输车载视频监控业务。

(3) 用于传输视频广告及运营信息的业务。

(4) 用于传输车辆状态信息业务。

各类业务自身的特性分析见表 3-1。

表 3-1 各类业务特性分析

序号	业务名称	业务特点	需求级别	优先级	QoS保障	数据方向	抗干扰要求	常规状态下带宽需求
1	列车控制信号业务	实时数据,传输时延小于 50 ms	必要	最高	最高	地↔车(双向数据)	极高	上下行各 1 Mbit/s/列车,合计 3 Mbit/s/列车
2	车载视频监控业务	实时数据,传输时延小于 50 ms	重要	高	高	车→地(上行数据)	高	每列车 12 路高清(720P)图像轮询,4 Mbit/s/路,总计 48 Mbit/s
3	视频广告运营信息业务	实时数据,传输时延小于 50 ms	重要	高	高	地→车(下行数据)	高	每列车 1 路高清(1080P)图像 8.5 Mbit/s,字符信息 0.5 Mbit/s,合计 9 Mbit/s
4	车辆状态信息业务	实时数据,传输时延小于 50 ms	重要	中	中	车→地(上行数据)	中	每列车 2 路受电弓标清监控,1 Mbit/s/路,1 Mbit/s 数据传输,总计 3 Mbit/s
5	预留	实时数据,传输时延小于 50 ms				地↔车(双向数据)		每列车 5 Mbit/s

综上所述,车地无线系统在列车高速移动状态下(80 km/h)必须具备以下核心能力。

(1) 数据实时传输,传输时延小于 50 ms,丢包率小于 1%。

(2) 业务的优先级划分,支持不同等级业务的通道控制。

(3) 业务的 QoS 保障,确保业务的有效传输。

(4) 单基站业务承载的总带宽需求不小于 68 Mbit/s;其中信号业务带宽需求不小于 3

Mbit/s，其他业务需求不小于 65 Mbit/s。

（5）上行传输的数据业务大于下行传输的数据业务，上下行可按需调整。

（6）抗干扰能力强，特别是列车控制信号业务不允许其他无线系统对其产生干扰。

（7）完善的网管功能。

2. 各类业务需求模型分类说明及建议

根据目前行业常规，并按照上述对业务需求度、优先级、数据方向等特点的综合分析，基本可以分为两类不同需求模型的业务。

（1）必要业务的需求模型。

①直接涉及运营安全、必须且重要的业务，业务各项需求等级最高，特别是抗干扰性要求极高。

②传输带宽稳定、延时低，业务传输带宽需求较小，双向业务带宽需求较为平衡。

③双向数据以 IP 寻址的单播方式为主。

④具备开放性和兼容性。

（2）重要业务的需求模型。

①间接涉及运营安全、重要的业务，主体以视频业务为主，传输带宽需求大且稳定。

②各业务需要在传输带宽及传输时延上有一定的 QoS 保障。

③抗干扰性要求较高。

（3）系统建设的建议。

①所选技术应充分考虑业务的 QoS 保障，保证数据有效、实时地传输。

②整体系统传输带宽应不小于 3 Mbit/s，且双向业务可平均分配。

③采用标准协议技术。

④由于运营信息业务和车辆状态信息业务的安全级别和需求度极高，建议采用独立的车地无线系统进行业务承载，同时采用专用的无线频率进行数据传输，有效防止系统内业务之间的影响以及民用和其他无线系统对它的干扰。

3.2.3　公务电话系统

城市轨道交通公务电话系统主要为城市轨道交通中的办公管理部门、运营部门和维修部门提供固定的通信服务，包括电话业务、传真业务、传输电路数据等。一般情况下，公务电话系统常用于轨道交通内部的一般公务通信和轨道交通内部用户与公用电话网用户的电话联络。在城市轨道交通专用电话系统出现重大故障时，公务电话系统可以作为专用电话系统的应急通信手段。

1. 系统的组成

公务电话系统主要由程控交换机等设备组成。与程控交换机相连的电话分机分布在控制中心、办公室、车站、设备室、车辆段及所需电话的其他区域。通常程控交换机设置在用户较集中的站点，如控制中心和车辆段在主要地点应装有自己的程控交换机，用 2 Mbps 接口或其他通信接口方式相连，形成一个公务电话网。

2. 系统的组网方案

（1）公务电话、专用电话合设的方式。

在控制中心、车站、车辆段/停车场设置公务、专用一体化的交换设备，专用调度功能主要通过相应的调度软件实现。控制中心、车站、车辆段/停车场的各公务电话、调度台及调度分机直接接入各地的一体化交换机,从而实现全线公务电话、调度电话的连通。

(2) 公务电话和专用电话分设的方式。

在控制中心、车站、车辆段/停车场分别设置公务电话系统与专用电话系统。各个公务电话分机直接接入各地公务电话设备,实现全线公务电话的连通。调度台与调度分机接入各地专用电话设备,实现全线专用电话的连通。

(3) 方案对比与分析。

合设方式实现了公务电话系统和专用电话系统的统一,在控制中心、车站、车辆段/停车场只需设置一套电话交换设备,集成度高,可以降低电话系统的投资。但是公务电话系统的应用、管理、改造、维护都有可能对调度功能产生影响,进而危及行车的调度指挥,且两个系统无法互为备用,整个系统的可靠性不高。

分设方式实现了公务电话系统和专用电话系统的独立运行,公务电话系统的应用、维护、管理及扩容改造,都不会对专用电话系统造成影响,且两个系统互为备用。当其中某一个系统出现故障时,可以利用另一个系统实现相关通话功能,提高系统的可靠性。但该方案需要在每个车站、车辆段/停车场设置专用电话和公务电话两套设备,会使得电话系统投资较高。

综上所述,为保证与行车指挥直接相关的业务的安全,并提高专用电话的可靠性,公务电话和专用电话宜采用分设的方式,分别建设各自的系统以符合当前城市轨道交通通信的要求。

3. 技术方案

(1) 程控交换方案。

程控交换方案是指在控制中心、车辆段分别设置一套公务电话交换机,而在各个车站、停车场分别设置一套小交换机或远端交换模块。控制中心和车辆段两点的交换设备通过光传输设备相互连接,并与就近的市话局交换机之间采用标准的 2 Mbit/s 数字中继线连接。各车站、停车场的交换机或远端交换模块分别与控制中心和车辆段的两个交换机之间采用星形连接。

(2) 软交换方案。

软交换方案是指在控制中心设置一套软交换中心控制设备,包括软交换网元设备、信令网关、中继网关、应用服务器、网络管理和用户终端接入设备等设备,以及在各个车站、车辆段及停车场等处设置用户终端接入设备,包括综合接入设备、智能终端或接入网关等设备。这些设备通过传输系统的 10/100 M 接口建立承载网,不仅能实现公务电话系统的呼叫控制,同时还可以实现轨道交通公务电话系统与电信公网、轨道无线集群系统以及城市轨道交通管理中心交换机之间的中继连接。

(3) 技术对比与分析。

与程控交换技术相比,软交换技术具有组网灵活、扩展性好、性价比高、业务提供能力强等优点。软交换技术不仅能满足本线公务电话用户对系统扩展性、维护管理、业务提供等方面的需求,还能为将来系统的扩容和其他线路接入预留充足的条件。而程控交换技术采用传统电路交换技术,组网模式相对固定,适合集中型的模式。作为新一代的电话交换技术,软交换技术符合通信技术的发展趋势,能够更好地服务于城市轨道交通。

4. 组网模式

(1) 采用局用交换机组网模式。

在这种模式下,局用交换机不仅用于公众电话网,还用于专网。局用交换机与市话交换机之间采用E1/N0.7中继线互联。城轨内部局用交换机之间可采用E1/N0.7或E1/DSS1中继线互联。

中心交换机采用E1/DSS1中继接口，通过数字用户接口并经由PCM一次群链路连接远端的车站用户电话交换机，或采用专用信令通过PCM一次群链路连接车站的远端模块。

(2) 采用用户交换机组网模式。

在这种模式下，用户交换机所连接话机称为分机，分机不占用公众电话网号码资源，且分机间通话不经市话局。用户交换机的用户环路中继接口通过用户线连接市话交换机的模拟用户电路，这时去话全自动，来话经话务台或话务员转接。用户交换机的用户中继线群有一引字号(总机电话号码)，公众网电话用户拨该号后，市话交换机可自动寻找用户线群内一条空闲用户线接续该用户交换机。目前，大容量用户交换机多数采用N-ISDNPRI(30B+D)接口，通过PCM一次群链路连接市话交换机的PRI数字用户电路。

(3) 采用公网组网模式。

在这种模式下，城轨公务电话系统采用虚拟用户交换机进行组网。虚拟用户交换机直接利用公众电话局的用户线连接单位内的话机，每部话机都有一个公众电话网的号码。单位内的话机对外而言相当于一部公众网话机，而对单位内部而言，相当于一部用户交换机的分机，各话机间采用内部短号直拨，且不收费。用户拨打外线电话需先加拨0或9再拨外线号码，外线来话则直接拨入。

(4) 组网模式对比与分析。

采用局用交换机组网模式相当于在城轨内部建立了一个公众电话网的市话支局，因此需要占用公众电话网的部分号码资源，使用费用较高。

采用公网组网模式可省去公务电话系统的初期设备投入费用及日后的维护成本，可以实现社会资源共享。但由于城轨内部公务电话是相对独立的专用电话网，在内部呼叫、可靠性、可维护性等方面有自身的特殊要求，而且公网模式日常的运营成本比其他模式高。

目前城轨中以采用用户交换机组网模式为主。在这种模式下，城轨内部配置用户电话交换机组成城轨公务电话网。

5. 系统构成

(1) 车站。

每个车站公务电话用户相对较少，主要是站长、车站值班员、站务员、AFC维修管理人员、公安值班员，加上各设备用房和区间电话，分机数量一般在30门左右。该交换机除了提供公务电话外，还提供大约20门的站内直通话机。公务电话和站内直通电话的配置数量还应考虑30%左右的余量，具体可根据各车站的规模适当增减。

(2) 控制中心。

一条线路控制中心的维修管理人员约1000人，控制中心交换机的容量按定员数的80%配置，即配置800条用户线。但控制中心交换机的总容量还需包括车站交换机中继所占用的控制中心交换机用户线数量。

(3) 车辆段。

车辆段公务电话用户较为集中，可按近期2000用户、远期3000用户配置接入设备，以满足车辆段以及控制中心用户的公务电话需求。

(4) 停车场。

停车场可按近期500用户、远期800用户配置接入设备,以满足新用户的公务电话需求。

3.3 通信网络化的建设目标及总体架构

1. 通信网络化的建设目标

围绕着服务于轨道交通网络化运营的通信系统,主要应关注其配置应用及其通信服务的提供方面。在配置应用方面,重点应放在业务信息系统以及各类交互通信系统、信息自动化的建立与配置上。在通信服务方面,应重点考虑提供直接支持于全局范围内的运营指挥与应急处置、安全防范与监控、信息互通与信息服务,以及实现高效、共享和安全的服务。通信网络化的建设目标主要有以下几个方面。

(1) 提供网络化运营指挥与应急处置的通信服务,包括自由切换、调用运营空间的视频监视服务,面向运营管理者的集语音、信息(含数据)和可视化为一体的公务通信服务,以及集语音、信息(含数据)为一体的无线调度即时呼叫服务,面向乘客与管理者的信息发布和查询服务和与相关业务单位的信息资源互通服务等。

(2) 提供网络化安全防范与监控指挥的通信服务,包括自由切换、调用公共空间的视频监视和跟踪监视服务,面向运营管理者和公安的集语音、出警为一体的通信服务以及面向调度、司机、维修团队的集语音、信息(含数据)为一体的无线调度即时呼叫服务等。

(3) 提供网络化数据传递与高速路由的宽带通道,包括如下方面。基于SDH(同步数字分级系统)的数据链路层,并对以太网数据进行二层映射的点对点高速传输模式;基于以太网数据包交换的高速宽带三层数据交换传输模式在内的共享传送平台;支持轨道交通网络化数字视频监控的实现与应用,实现轨交总队、公安分控中心网络化数字视频监控的应用,并支持轨道交通信息化网络建设的高速通道应用需求;为企业培训业务平台、综合业务协同平台等网络业务提供支撑;为企业OA(办公自动化)系统提供高速的通道保障,支持其他轨道交通网络化建设的应用需求;支持有线、无线方式的边缘宽带接入等。

(4) 提供面向网络化运营整体的公务通信服务,包括集语音、信息(含数据)和可视化为一体的专用终端服务和PC终端服务,建立统一通信资源库,以确保通信有效、便捷。

(5) 提供网络化乘客信息服务。围绕汇集网络运营设备的状态数据、库存数据、客流状态数据、城市公交一体化信息等处理后成为的"实时运营状态信息",以乘客出行需求和乘用行为为基点,提供可覆盖乘客整个出行过程,以及以三色(红、黄、绿)方式表现的运营状态信息实时发布服务。以在线运营管理人员获取网络化运营管理所需的各类信息的需求为基点,提供支持信息交互与实时运营对策技术的客服信息服务。此外,应为乘客的有效出行及运营管理者的有效调度管理和快速应急处置提供多渠道、多形式、全面、高效的信息服务技术及手段,推动城市交通信息一体化应用服务的开展,促进智慧城市的发展。

(6) 提供网络化运营系统与管理系统的时钟同步和统一时间的服务,包括面向运营指挥与应急处置、安全防范与监控指挥、维护保障等工作的统一标准时间,以及为整个通信网、弱电系统提供系统时钟同步信号源,满足系统的正常运转。

2. 基于软交换的轨道交通通信网络化模型

为实现上述目标并方便管理,需建立起合适的网络化通信整体模型。在整合现有的市内固定电话、移动电话的基础上(统称 FMC),增加多媒体数据服务及其他增值型服务,运用软交换技术实现话音交换和视频的调用。平台则采用全 IP 技术实现,逐步实现统一通信。全 IP 的服务与统一管理将是未来网络关注的重点。软交换技术突出将业务与控制分离,从而灵活有效地实现服务。基于软交换技术的轨道交通网络架构可实现网络化运营指挥、管理和维护的目的。其主要的优点如下。

(1) 将传统电路交换按功能分解为不同的层次,实现业务与呼叫控制分离,将呼叫控制与承载连接分离,不同的层次功能通过开放接口连接,满足对轨道交通网络化运营业务需求的响应。

(2) 软交换技术的应用给轨道交通网络化运营者、决策者等在开展日常工作时产生的通信需求提供了更多、更为简洁的选择和手段。

(3) 软交换技术的应用使得资源共享和新技术的应用得以有效实现,降低了建设成本,为建设者带来了强大的业务生成能力。

(4) 软交换技术的应用给网络带来更高的可靠性。由于业务和控制的分离成为可能,很多功能可以通过部署的方式分配到骨干网中,可以应用完全容错的结构。软硬件还可配置多层冗余,大大提高了系统的可靠性,且网络扩展安全、灵活、方便。

(5) 软交换技术吸取了 IP、ATM(异步传输模式)、IN(智能网)、TDM(时分复用)等的优点,形成分层、全开放的体系架构,不但实现了网络融合,更重要的是实现了业务融合。

(6) 软交换技术采用开放式的标准接口,易于与不同网关、交换机、网络节点通信,兼容性、互操作性、互通性突出。

参照 CISCO 的 IP-NGN(下一代网络),基于软交换的网络化通信网络架构如图 3-1 所示。软交换在整个体系中处于控制层,在 IP 为主的传输网络上起到了统一管理控制的作用。此外,丰富的接入方式将一些以非 IP 方式组网的业务接入整个网络。针对上文对轨道交通现有应用业务的分析,在满足轨道交通现有业务价值的同时,也满足了软交换体系统一架构的方式。

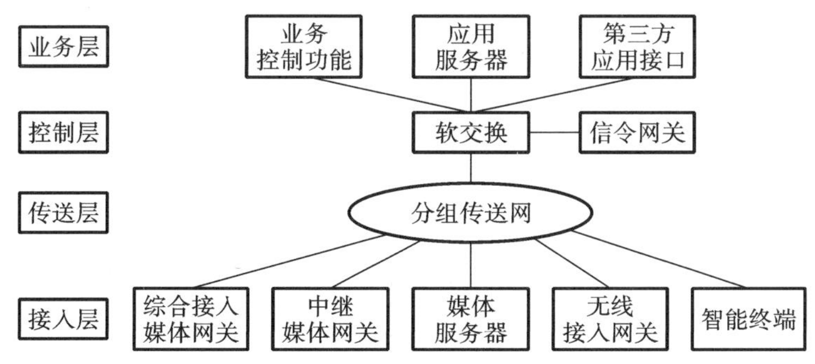

图 3-1 基于软交换的网络化通信网络架构

接入层:软交换体系中,接入层的设备由各类业务终端设备或者接入网关等组成。这些设备利用 TCP/IP 技术或者模拟窄带的方式接入传送层设备,并为使用者提供了视频、语音、数据的业务。

传送层:俗称传输技术,在软交换体系中将控制层及业务层统一调配的信息与控制命令下发到各个业务终端,并为终端设备提供了网络接入。

控制层:使用虚拟的交换技术将业务层的信息资源统一交换与调配到各个业务终端上,

并起到了统一管理和交换的功能。在软交换体系中,控制层处于核心位置。

业务层:主要包括业务生成服务器、业务管理服务器和应用服务器等,为各个业务系统提供了软件管理、数据库以及其他增值应用。在软交换开放式架构体系中,业务层设备为各种应用服务。应用服务开发需要开放的业务层接口 API(应用程序编程接口)技术进行支撑。SCF(业务控制功能)主要实现不同业务的 QoS(服务质量)协商和交互控制等功能。

第4章　信号系统

信号系统是地铁运输生产的基础设备之一，是地铁实现集中统一指挥的重要手段与保障行车安全、提高运输效率和运营管理水平的重要设施。信号系统作为一种重要的信息技术，已经渗透到地铁运输的各个部门，它随时随地为地铁运输服务，满足地铁高度集中、统一指挥的实时性要求。

4.1　系统要求

4.1.1　一般规定

(1) 地铁信号系统应由行车指挥和列车运行控制设备组成，并应设置故障监测和报警设备。

(2) 信号系统应具有高度的可靠性、可用性和安全性。

(3) ATP 系统、设备及电路应符合故障导向安全的原则，采用的安全系统、设备应经过安全认证。

(4) 信号系统应满足地铁行车组织和运营管理的需要。

(5) 信号系统应满足地铁大运量、高密度行车及不同列车编组和行车交路的运营需求。

(6) 双线区段和单线区段应按双方向运行设计。

(7) 信号系统应具有电磁兼容性。

(8) 信号系统应满足现代化维护管理的需求。信号设备应便于维修并减少维修频度，且便于测试和更换。

(9) 信号系统的车载设备严禁超出车辆限界，信号系统的地面设备严禁侵入设备限界。

(10) 设于高架或地面线路的信号设备应与城市景观相协调。

4.1.2　系统组成

信号系统包括列车自动控制(ATC，Automatic Train Control)系统及车辆基地信号系统两部分。ATC 系统包括三个子系统，列车自动防护(ATP，Automatic Train Protection)子系统、列车自动运行(ATO，Automatic Train Operation)子系统和列车自动监控(ATS，Automatic Train Supervision)子系统。ATP 子系统是 ATC 系统的核心组成部分，主要对列车驾驶进行防护，同时对与安全有关的设备或系统实行监控，实现列车间隔保护、超速防护等功能。ATO 子系统主要用于实现采用地面信息对列车驱动和制动的控制。ATS 子系统主要实现对列车运行的监督和控制，并辅助行车调度人员对全线列车运行进行管理，功能主要包含控制列车进路、管理列车时刻表、记录列车运行相关信息、显示并记录报警信息和统计汇编等方面。

4.2 列车自动控制系统

4.2.1 列车自动防护系统

列车自动防护(ATP)子系统是 ATC 系统的重要子系统，承担与列车运行安全相关的功能。ATP 子系统主要包括列车驾驶模式转换，列车测速、位置检测，速度防护曲线计算，速度监督，超速防护，列车监督，门监督等功能。

软件控制平台模拟列车在不同工况下的运行，可仿真得到列车的速度防护曲线。其仿真结果可供电机测速模块使用。电机测量调速部分实现列车车速控制的模拟，其测量结果可反馈给软件模拟平台使用。

外围设备控制模块包括基于 PLC 的屏蔽门控制系统，单片机通信系统以及供电系统等。它的创新点在于整个仿真平台采用软硬件相结合、硬件在回路的方式构建，既能克服软件仿真受限于机械部件数学模型精度不高的缺点，又可避免整机采用全物理仿真所带来的高成本投入。该模拟仿真系统的研制可用于教学和科研工作，对于城市轨道交通列车运行防护的机理探索、算法仿真都有着十分重要的意义。

4.2.2 列车自动监控系统

列车自动监控(ATS)系统主要实现对列车运行的监督和控制，以及辅助行车调度人员对全线列车进行管理。它在提高运输效率和保障运行安全方面起到了非常重要的作用。一直以来，系统仿真技术和列车自动调整算法都是 ATS 系统研究的热点，建立系统仿真平台对 ATS 系统的研究开发有着重要的意义，主要体现在以下两个方面。①基于安全性和经济性的考虑，要想客观、真实地评估一套列车自动监控系统并方便对工作人员进行培训，就需要一个 ATS 仿真平台。②ATS 仿真平台直观地展现了列车运行的全过程，利用这个平台可方便地对其中的一些关键技术(如列车自动调整算法)进行研究。ATS 系统是基于现代数据通信网络的分布式实时计算机控制系统，通过与列车自动防护(ATP)子系统和列车自动运行(ATO)子系统的协调配合，完成对城市高密度轨道交通信号系统的自动化管理和全自动行车调度指挥控制。ATS 系统可看作是整个城市轨道交通系统的运营核心，负责监视和控制线路中所有列车的运行状态。

为了实现对列车调度人员的培训和线路数据的测试，需要对 ATS 系统进行计算机仿真。城市轨道交通不同线路的 ATS 系统由不同公司提供，因而存在差异性。针对某具体线路开发的 ATS 仿真系统不具有通用性。时刻表是 ATS 仿真运行中必不可少的重要组成部分。实践中常通过建立满足约束条件的数学模型，采用蚂蚁算法对模型进行求解。获得初步时刻表后，对数据进行平衡化处理。

4.2.3 列车自动运行系统

列车自动运行(ATO)子系统在 ATC 系统中占有重要地位。它完成列车的自动调速，包括牵引、巡航、惰性、制动、停车以及车门开关的控制功能，实现正线、折返线以及出入段(场)线运行的自动控制，以及区间运行时分的调整控制。ATO 子系统按照系统设定的运行曲线，根据 ATS 系统的指令选择最佳运行工况，确保列车按运行图运行，实现列车运行的自动调整和节能控制。

ATO系统功能依靠ATO系统自身及信号各子系统协调完成。ATO系统为非故障-安全系统，其运行控制速度始终低于ATP系统的防护速度，实现ATP系统安全防护下的列车自动运行。

ATO系统在ATP系统的安全防护下对相应站台侧的车门、站台门进行开关控制。只有当车门、站台门关闭以后，才允许列车起动。ATO系统控制的列车在车站站台停车时，要求具有精确停车的控制功能，停车精度应达到0.5 m。精确停车功能由ATO系统自身控制完成，轨旁的精确定位同步环线在站台区域提供多个精确的位置点信息，车载ATO子系统根据这些准确的定位点控制列车精确停车。当ATO系统控制列车在不需要精确停车的地点停车时，如区间停车、信号停车时，ATO系统按照ATP系统提供的停车位置信息控制列车停在规定的距离之内。ATO系统设备主要由车载设备以及轨旁设备构成。

4.2.4 车辆基地信号系统

车辆基地是车辆段和停车场的总称，是车辆停放、检修、整备、运用和管理的中心。车辆基地信号机设置方案合理与否，将直接影响到运营效率和段内作业方式及安全。目前，国内城市轨道交通车辆基地信号机的设置没有统一的标准，不同的建设单位和设计单位倾向不同。车辆基地信号机设置方案也因此存在争议，运营行车人员偏向于灵活高效的调车信号设置方案，认为有利于提高列车的出入段/场能力，而信号专业人员认为应该延续国家铁路采用列、调信号分开的设置方案。

调车信号机的设置有两种形式：①出段信号机与入段信号机并置设置；②出段信号机设于入段信号机后方咽喉区。

4.2.5 地铁CBTC技术的研究与发展

1. CBTC的起源

CBTC系统是基于通信的列车自动控制系统。传统的列车只能依靠轨道电路作为列车的位置定位，而且列车的操作指令少、智能化水平低。CBTC系统中的关键技术是双向无线通信系统、列车定位技术、列车完整性检测技术等。列车定位技术有很多种，例如车载设备的测速-测距系统、全球卫星定位、漏缆、感应环线。

2. CBTC的发展

在CBTC系统的技术方面，制订了两项标准，即1999年的IEEE1474.1标准和2003年发布的IEEE1474.2标准。前者是对CBTC性能和功能的规定，后者是对CBTC系统用户界面的规定。IEEE1474标准将CBTC定义为列车的位置、速度和方位，藉由一个连续的双向通讯环节从车辆电脑传递至轨旁电脑。同样的，在IEEE1474里也指出CBTC系统不需要用轨道电路来检测列车。现在使用的大部分CBTC系统都是利用近场电磁感应的环形线路(IL)来传送的。以无线电频率(RF)传送为基础的较新的CBTC系统正在逐步发展，也将会成为行业未来发展的趋势。

从技术角度讲，闭塞分为固定闭塞和移动闭塞两种。目前，世界上最先进的信号系统是移动闭塞系统(Moving Block)，采用的CBTC技术可以实现无人驾驶DTO(Driverless Train Operation)，比如庞巴迪公司的CITYFLO650系统。此外，采用CBTC技术还可以实现半自动列车运行STO(Semi-Automatic Train Operation)，比如庞巴迪公司的CITY-

FLO450 系统。

移动闭塞系统摆脱了用轨道电路判别列车是否占用了闭塞分区,突破了固定或准移动闭塞的局限性,在使用方面具有很大的优势。移动闭塞系统的优点包含如下方面:①实现了列车与轨旁设备的实时双向通信,并且信息量较大;②可以减少轨旁设备,便于安装和维修,有利于在紧急状态下利用线路作为人员疏散的通道,有利于降低系统全寿命周期内的运营成本;③便于缩短列车编组和高密度运行,同时可以缩短站台长度和端站尾轨长度,提高服务质量,降低土建工程投资;实现了线路列车双向运行而不增加地面设备,有利于线路故障或特殊需要时的反向运行控制;④可以适应各种类型、各种车速的列车,由于移动闭塞系统基本克服了准移动闭塞和固定闭塞系统地对车信息跳变的缺点,因而提高了列车运行的平稳性,增加了乘客的舒适度;⑤可以实现节能控制、优化列车运行统计处理、缩短运行时分等多目标控制;⑥移动闭塞系统,尤其是采用高速数据传输方式的系统,将带来信息利用的增值和功能的扩展,有利于提高现代化水平。

3. CBTC 的特性

CBTC 与传统的铁路信号系统相比有许多特性,具体包括以下几点:①不需要繁杂的电缆,以无线通信系统代替,减少了电缆敷设工序,降低了维护成本;②可以实现车辆与控制中心的双向通信,大幅提高了列车的区间通过能力;③信息传输流量大、效率高、速度快,容易实现移动自动闭塞系统;④适用于各种车型,不同车速、运量和牵引方式的列车,兼容性强;⑤可以将信息分类传输,集中发送和处理,提高调度中心的工作效率。

4. CBTC 的应用

CBTC 可以使用的双向无线通信系统种类很多,例如欧洲使用的是 GSM-R 系统,美国使用的是扩频通信等其他多种无线通信系统,中国使用的是无线自由波、波导管、漏泄电缆或三种互相组合的地车信息传输方式。目前,应用 CBTC 系统的有美国的纽约地铁,我国台湾的台北捷运文湖线、武汉地铁 1 号线、上海轨道交通的 8 号线、北京 2 号线、北京 4 号线、北京机场线、北京地铁亦庄线、北京地铁大兴线、北京地铁房山线和广州地铁(除 1、2、8 号线外)等。其中,北京地铁亦庄线的顺利开通标志着中国成为了继德国、法国、加拿大后第四个成功掌握 CBTC 核心技术并顺利应用于实际工程的国家,它实现了全生命周期性价比最高的目标,比引进系统的价格低了 20%左右。

5. CBTC 的应用前景

CBTC 的显著特性是系统可以决定列车的位置,从而具有较高的准确度,不受轨道电路的支配。CBTC 系统以它在地理方面的连续式列车到轨道边与轨道边到列车的数据通讯网路为特色,比传统系统拥有更多的控制和状况资讯。轨旁与列车运输之间最重要的处理程序在于处理列车状态、控制数据和提供连续自动化列车保护方面。CBTC 也提供了自动列车操作和自动列车监督的功能。

CBTC 可以应用于通勤铁路、重铁、轻铁、私人都市捷运系统和大众运输上,因为 CBTC 不需要轨道塞区间,很适合橡胶轮胎和其他非钢铁轮胎系统。此外,CBTC 提供了互相操作的特色,系统准许阶段性的执行不会妨碍到运输操作,而且它也允许大多数卖家向这个大系统供应所需的设备。除了基本的列车自动保护功能,自动列车监督和自动列车操作也有供应的设备。

4.2.6　地铁 CBTC 系统最新发展趋势

在近年来国内城市轨道交通建设的大潮中，CBTC 系统出现了进口、合资国产、自主知识产权系统等百花齐放的局面，并出现了一系列崭新的技术和管理发展趋势。综合起来有以下几种发展趋势。

1. 全自动无人驾驶发展方向

无人驾驶系统与现有传统的驾驶系统相比较，是一种将列车司机、控制中心调度员和车站值班员共同参与控制的运行控制模式转变为控制中心调度员独立管理控制的运行控制模式，实现了运营控制和调度管理的集中，可有效提高安全性、可靠性，提高运输能力，降低运营人员劳动强度，减少运营人员人为错误的概率并改善服务质量。无人驾驶系统在中国轨道交通运营压力繁重的一线城市（如北京、上海等）有着广阔的发展和运用前景。

在多项先进成熟技术运用的基础上，地铁自动化系统可实现列车自动唤醒启动、自动休眠、自动出入停车场、自动清洗、自动行驶、自动停车、自动开关车门、故障自动恢复等多项功能，并具有常规运行、降级运行、运行中断等多种运行模式。这些高度自动化的功能可有效增加运能、大大提高系统效率，并减少运营人员数量和人力成本。

至 2013 年底为止，全球共有 32 座城市拥有了全自动无人驾驶线路，总线路长度已达到 674 km，全球已有多条新建线路确定采用全自动无人驾驶系统。

国际上全自动无人驾驶技术已积累多年，具备了丰富的经验和技术储备，并在工程设计建设管理、运营管理和维护等方面形成了完善的体系。我国的地铁全自动无人驾驶技术起步较晚，目前只有上海轨道交通 10 号线、北京房山线和机场线、广州珠江线等少数几条线路采用全自动无人驾驶技术。随着相关技术的完善和配套技术的发展，全自动无人驾驶技术将会在国内得到长足的发展。

2. TD-LTE 制式的车-地通信发展方向

预计未来几年车-地通信方式将主要向着 TD-LTE 搭建的 CBTC 车-地无线系统发展。目前 CBTC 车-地无线通信主要是采用基于 802.11 系列协议的 WLAN（无线局域网）组网，具有可移动性、价格低廉、易于部署等优点，但仍存在很多不足。CBTC 车-地无线通信主要采用 WLAN 技术在 2.4 GHz 或 5.8 GHz 频段组网，现阶段主要采用以漏缆、天线、波导管等方式的传输媒介，并同时采用两张通信网络同时进行传输。由于与通信系统共用频道资源，且民用手持终端设备皆采用 2.4 GHz 频段，故无法从根本上解决无线通信之间的干扰问题，且 WLAN 在列车高速移动下存在传输性能不足的问题。

TD-LTE 通信传输技术是第四代移动通信技术，其网络可以实现上下行各 50 Mbit/s 的速率。

与 WLAN 相比，TD-LTE 运用于轨道交通行业的优势明显，主要包括如下几点：

(1) TD-LTE 是拥有中国自主知识产权的 4G 制式，具有完整的技术体系，并得到国内社会各界的大力支持，有利于在轨道交通行业上的技术延伸发展；

(2) 有丰富的频谱资源、专用频点，减少了干扰；

(3) 支持高速移动场景下高带宽数据的稳定和高效数据的传输要求；

(4) 具有领先的业务能力、稳定可靠的产品平台和有效的安全机制；

(5) 传输速率高、覆盖广，具有良好的覆盖特性。

天津地铁 6 号线使用 TD-LTE 网络承载具有宽带数据要求的 PIS 和 CCTV 车-地无线

传输,验证了车-地无线通信在城市轨道交通领域使用的合理性、完备性和先进性。如今,中国许多城市的地铁公司、设计单位、信号供应商正在积极展开一系列研究,相信在不久的将来会出现地铁信号系统采用 TD-LTE 车-地通信方式的实际工程案例。

3. CBTC 系统互联互通趋势

在城市轨道交通领域中,CBTC 系统的互联互通主要包括列车接口间的控制安全标准,以及列车控制信息传输协议的互联互通。在国内各大城市既有地铁线路中,不同厂家的 CBTC 系统之间通信互不兼容,每条线路都是相对独立的。在北京、上海等一线城市轨道交通网络日趋完善的今天,不同线路的列车混跑成为未来可能的发展趋势。因此,不同线路、不同厂家的 CBTC 系统之间的互联互通显得越来越有必要性。

要达到实际意义上的互联互通,需要重新设计各系统间的接口。CBTC 系统中,各子系统之间都是通过数据通信实现接口。若数据通信采用开放式标准后,子系统之间的接口也可实现标准化,并可增加序列号、循环冗余校验等方式进行数据保护,以有效保证数据安全,实现数据互通。美国的纽约地铁、欧洲的城市轨道交通等已经开始进行地铁信号系统互联互通的尝试。

各大城市的轨道交通线路采用多种不同信息制式,互不兼容。在轨道交通体系已经逐渐成熟的大前提下,轨道交通信号系统的互联互通已成为必须考虑的发展方向。为实现 CBTC 系统的互联互通,在选择信号系统制式时需要考虑以下几点:

(1) 为实现不同线路之间的互联互通,需采用经过第三方组织制定的共同标准,而非某一家信号供应商的单方面标准;

(2) 应充分利用既有设备改造升级老线路,在控制成本的前提下分步实施升级;

(3) 新建线路应考虑为未来升级改造和线路之间的互联互通做好必要的预留准备。

除考虑轨道交通信号系统的互联互通外,也有一些厂家选择走自主创新和技术引进相结合的道路。例如,在 2015 北京国际轨道交通展览会上,上海自仪泰雷兹交通自动化系统有限公司发布了中国新一代自主化的 CBTC 2.0 信号系统,并率先运用于上海轨道交通 5 号线南延伸线上。

4.3 信号系统的控制过程

(1) 信号系统的控制模式见表 4-1。

表 4-1 信号系统的控制模式

运行等级	指挥模式	驾驶模式	要求具备基本条件
连续式通信控制级别	中心 ATS 自动/人工	ATO/ATP	中心 ATS、轨旁 ATP/ATO、车载 ATP/ATO、计算机联锁、车地连续式通信可用
	车站 ATS 自动/人工		车站 ATS、轨旁 ATP/ATO、车载 ATP/ATO、计算机联锁、车地连续式通信可用
	车站联锁人工		车站本地控制工作站、轨旁 ATP/ATO、车载 ATP/ATO、计算机联锁、车地连续式通信可用

续表

运行等级	指挥模式	驾驶模式	要求具备基本条件
点式通信控制级别	中心 ATS 自动/人工	点式 ATP/ATO	中心 ATS、车载 ATP/ATO、计算机联锁可用、LEU 和可变应答器可用
	车站 ATS 自动/人工		车站 ATS、车载 ATP/ATO、计算机联锁可用、LEU 和可变应答器可用
	车站联锁人工		车站本地控制工作站、车载 ATP/ATO、计算机联锁可用、LEU 和可变应答器可用
联锁级控制级别	中心 ATS 自动/人工	RM/NRM	中心 ATS、计算机联锁可用
	车站 ATS 自动/人工		车站 ATS、计算机联锁可用
	车站联锁人工		车站本地控制工作站、计算机联锁可用

（2）信号系统的故障类型及后备模式见表 4-2。

表 4-2　信号系统的故障类型及后备模式

故 障 类 型	列车控制等级	驾驶模式	说　　明
单个无源应答器故障	所有	所有	不影响系统正常运行
连续两个无源应答器故障	联锁	RM/NRM	列车定位丢失
本地应答器故障	CBTC/联锁	ATO/ATP/RM/NRM	无法获得点式移动授权
预告应答器故障	所有	所有	点式移动授权不更新
轨旁 ATP/ATO 计算机故障	点式/联锁	ATO/ATP/RM/NRM	列车最高运行于点式级别
车-地无线通信故障	点式/联锁	ATO/ATP/RM/NRM	列车最高运行于点式级别
车载 ATO 故障	所有	ATP/ATP/RM/NRM	ATO 不可用
车载 ATP 故障	联锁	NRM	列车运行于联锁级别
列车失去定位	联锁	RM/NRM	列车运行于联锁级别

（3）信号系统的控制模式图如图 4-1 所示。

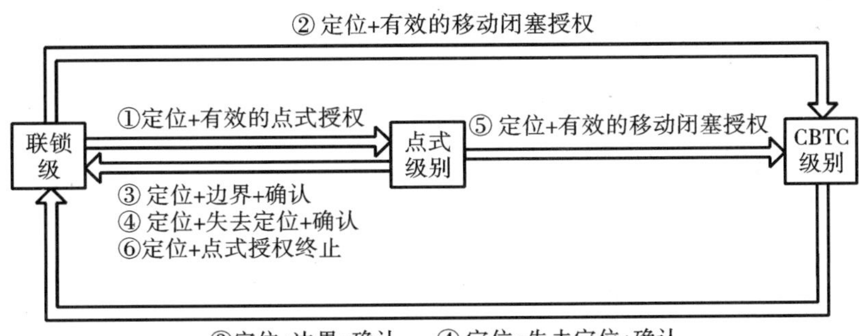

图 4-1　信号系统的控制模式图

4.4 通信、信号系统施工方案

天津地铁6号线通信系统由传输系统、无线通信系统、公务电话系统、专用电话系统、视频监视系统、广播系统、时钟系统、集中告警系统、办公自动化系统、视频会议系统、车辆段安防系统、电源系统及接地组成。全线正线15座车站,1座车辆段。传输系统采用增强型MSTP技术组网。专用电话系统采用与公务电话系统独立设置的方案,在控制中心设置专用电话主系统,车辆段、各个车站新设分交换机。公务电话系统采用软交换系统;无线通信系统采用800 MHz频段TETRA数字集群设备组网,基站采用全基站的方式进行组网;广播系统采用数字广播组网方案;时钟系统由中心一级母钟、网管设备、站(段)二级母钟、子钟、信息传输通道和时钟线缆等组成。

天津地铁6号线信号系统一期工程北段正线有16座车站(其中4座换乘站)、1座车辆段、1座停车场、1条试车线。信号系统采用基于通信的移动闭塞信号系统;车地无线通信采用LTE综合承载业务方案,即CBTC、PIS和CCTV综合承载的方案;车地连续通信采用全线部署两套完全相同的分布式基带处理单元(BBU)+射频拉远单元(RRU)网络,通过传输系统提供的IP传输通道分别接入设置在主用控制中心的A/B网核心设备;车辆段信号系统采用独立的计算机联锁系统。

列车自动控制系统(ATC)通过列车自动防护(ATP)子系统、列车自动运行(ATO)子系统及联锁(CI)子系统与列车自动监控(ATS)子系统间的信息交换构成闭环系统,通过ATP/ATO子系统轨旁及车载设备、CI子系统设备,以及车站和控制中心的ATS子系统设备完成列车运行的自动控制,各子系统间通过通信子系统完成信息交换及传输。全线车站配线图如图4-2所示。

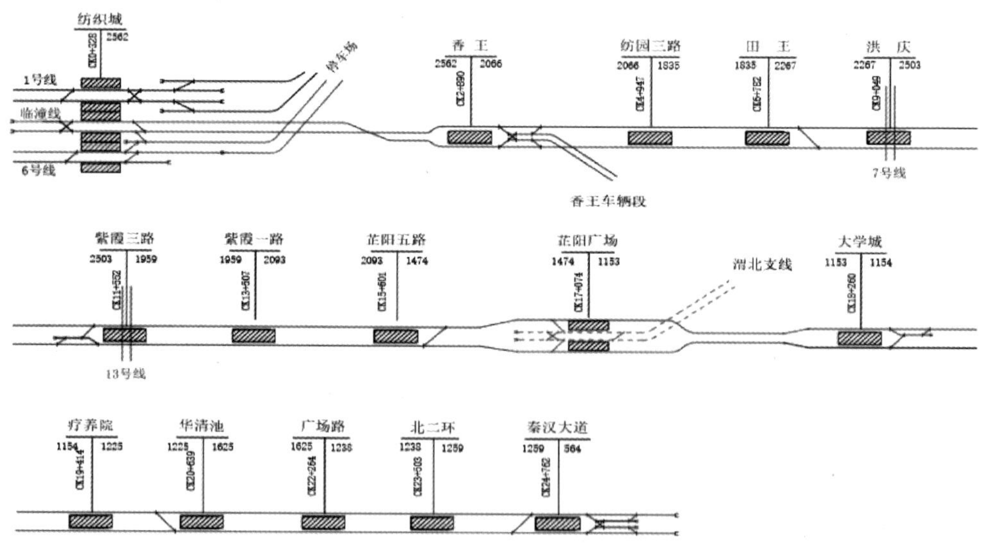

图4-2 信号系统工程车站配线图

进场前先调查施工作业现场的条件和环境,以及预埋、预留情况,落实主材和设备的供货日期。采取各站平行作业的方式进行管线预埋、线缆敷设,在设备安装阶段,多种外场及设备房设备的安装工程应同时进行,流水作业与交叉作业相结合。根据工程内容和安装进度随时调配人员，确保系统设备安装按期完成，为调试开通创造条件。根据通信、信号系统施工的重点难点，结合系统中子系统众多、施工线路长、工作量大、工期紧等特点，本工程为提高工程质量和满足工程进度，结合天津地铁的实际情况，优化了施工工艺，拟采用到本工程中的施工工艺如下。

1. 通信系统施工流程

（1）施工工艺流程。

通信系统施工工艺流程如图 4-3 所示。

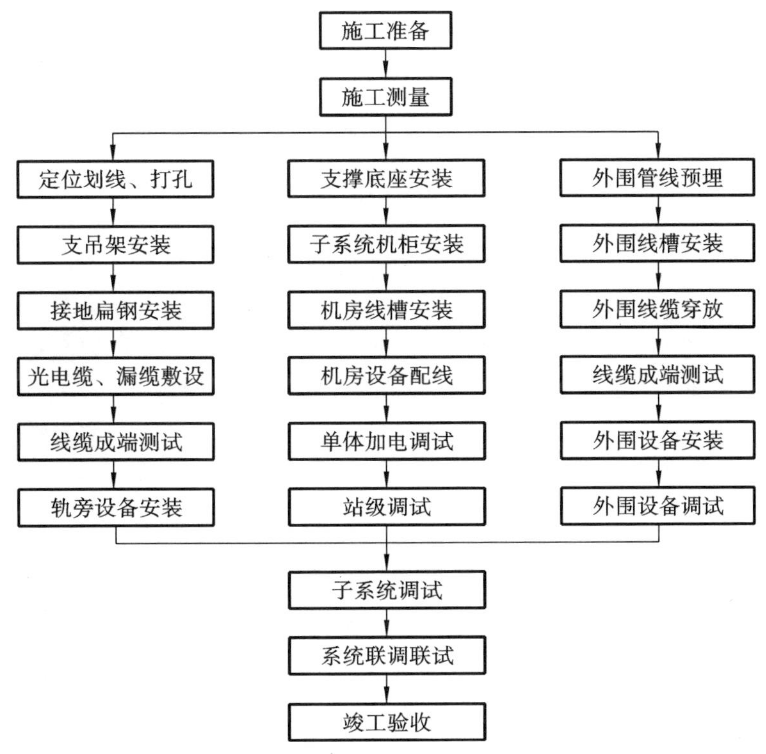

图 4-3　通信系统施工工艺流程图

（2）施工要点及方法。

通信系统施工要点及方法详见表 4-3。

表 4-3　施工要点及方法

序号	施工工序	施工要点及方法	示意图
1	施工准备	技术准备：相互核对图纸，了解综合管线的走向及安装位置，以及土建墙面的施工流程和施工计划； 进货检验：材料满足用户需求书及设计要求	—
2	外围管线预埋	管路穿过变形缝处时将管子作煨弯处理，接地线截面选用及敷设正确，连接紧密牢固； 钢管固定间距以管子固定距离表为准，钢管弯曲角度不小于 90°，每段钢管不得有超过两个的 90°弯曲，在钢管转弯和端头处固定间距为 150～200 mm	

续表

序号	施工工序	施工要点及方法	示意图
3	外围线槽安装	金属线槽的线槽之间、线槽与弯通之间应采用连接板连接,用平垫、弹垫、半圆头螺栓固定,线槽进行分歧、转弯等应采用专用弯头; 线槽伸缩处应采用 4 mm^2 多股接地线连接,线槽末端应采用 16 mm^2 接地线连接至接地排并做好标示;全长不应少于 2 处与综合接地体相连接; 整个路径均设置防护盖板,在线缆敷设完毕后安装防护盖板;盖板无翘角,相邻盖板安装间距小于 2 mm	
4	区间托臂支架安装	测量画线:依据设计图纸现场定测; 打孔:根据螺栓尺寸确定打孔深度及孔径; 支架安装:电缆支架固定的方式应符合设计要求,安装支架所用螺栓必须配有一平垫、一弹垫; 接地扁钢安装:扁钢接头和支架必须保持 100 mm 的距离,扁钢搭接面面积为 100 mm^2,不能截接,距离很近时采用电缆接地母排连接	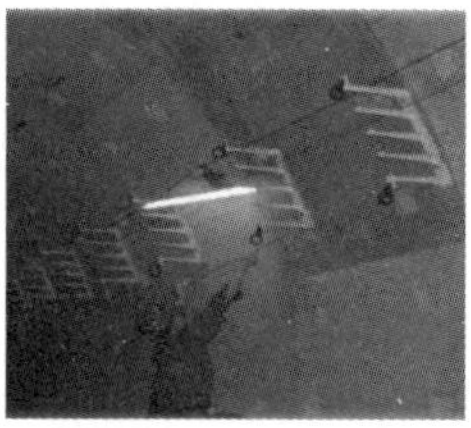
5	室内设备安装	设备机柜应与地面垂直,其前后、左右倾斜偏差应小于其长度的 1‰,安装位置偏差应小于 10 mm,机架之间紧密; 各类螺丝必须拧紧,设备机柜的底座的固定应可靠、平稳,排列整齐,插、拔机盘或塞子时,底座应不摇动	
6	车站线缆敷设	线缆在管内无接头,盒式(箱)内清理无杂物,线缆整齐,护口、护套线齐全,不脱落; 线缆连接时,不损伤芯线且连接牢固、包扎严密、绝缘良好; 管线穿放时严格按照施工规范,避免芯线损伤;线缆两端标记清楚、正确; 芯线接续后,未接终端设备时必须对线缆进行测试	
7	区间光、电缆敷设	光、电缆敷设时不得在地上拖拉,防止损伤外皮,不得出现打背扣和打死弯等现象; 光缆敷设时弯曲半径不得小于其外径的 15 倍,电缆敷设时弯曲半径不得小于其外径的 15 倍	

续表

序号	施工工序	施工要点及方法	示意图
8	泄漏电缆敷设	泄漏同轴电缆应在施工现场进行单盘测试，其直流电特性应符合规定； 泄漏同轴电缆弯曲半径不应小于 2 m，特殊地段不应少于 700 mm； 射频同轴电缆(7/8)弯曲半径为 250 mm，射频同轴电缆(1/2)弯曲半径为 140 mm	
9	摄像机安装	根据图纸和现场勘查情况确定摄像机支架的安装； 需保证吊装摄像机安装支架底座的墙体已经完成抹灰等施工作业，检查安装支架底座的位置是否和其他专业终端的安装位置发生冲突，并做好记录，上报相关单位进行协调	
10	室外子钟设备安装	子钟的规格、型号、安装位置应符合设计要求； 按照规范要求进行开孔； 子钟设备安装及线缆连接：①将时钟信号线和电源线通过支架上的穿线孔经支架内腔引至支架末端；②将子钟数据线、电源线穿入金属软管，比划长度，将多余的线缆裁掉，根据子钟设备类型选择对应的接线端子，将子钟芯线剥开，比划端子长度，将芯线压接成端，接入子钟设备接线口	
11	吸顶式天线安装	按照规范要求开孔； 固定及线缆连接：①制作射频电缆接头；②射频电缆制作完成后首先需进行驻波比测试，然后再将射频电缆进行防水、防潮处理； 线缆绑扎：注意曲率半径不能太小，一般规定不得小于电缆直径的 12 倍，必须避免出现硬弯曲	

(3) 质量验收标准。

按照《城市轨道交通通信工程质量验收规范》(GB50382-2016)的内容进行现场验收。

2. 信号系统施工流程

(1) 施工工艺流程。

信号系统施工工艺流程如图 4-4 所示。

(2) 施工要点及方法。

信号系统施工要点及方法详见表 4-4。

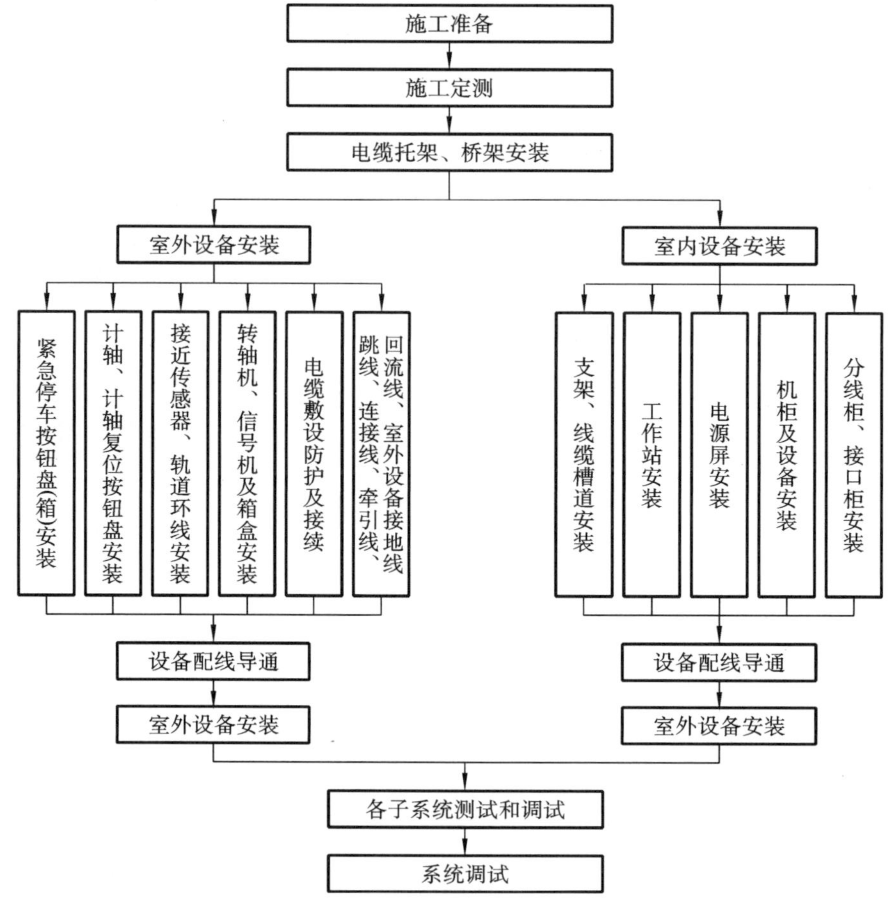

图 4-4　信号系统施工工艺流程图

表 4-4　信号系统施工要点及方法

序号	施工工序	施工要点及方法	示意图
1	施工准备	现场测量:根据设计文件及现场具体情况,测量电缆实际长度,提出施工材料申请计划; 电缆电气特性测试:逐个进行单盘测试,并做好详细的测试记录; 整理电缆配盘表:按设计文件及电缆到料情况分站做出电缆配盘表	
2	电缆敷设	干线信号电缆均按照设计要求的 A 端方向作顺向布放,电缆接续时 A 端与 B 端必须顺序连接; 电缆敷设于电缆支架上时,电缆在支架上的布放排列规律为沿车站去区间的各信号点电缆依次由线路侧向大地侧布放,电缆在电缆支架托臂上用电缆绑线编好固定;两电缆支架间的电缆自然弯曲,满足2%的弯曲度要求;同层电缆不得交叉、扭绞	

续表

序号	施工工序	施工要点及方法	示意图
3	各种箱盒安装、配线	变压器箱安装：用于高柱信号机时，安装在显示方向一侧，变压器箱中心线对准信号机柱中心，箱边距机柱边 470 mm，基础随信号机高度装设；用于轨道时，基础顶面和轨枕面平齐，变压器箱最外凸出边缘距所属线路钢轨内沿不小于 1900 mm； 方向盒安装：方向盒两基础中心线与钢轨平行，打开盒盖；方向盒与信号、轨道设备在一起时，其基础顶面与钢轨顶面平齐；反之方向盒基础顶面距地面 150～200 mm； 终端电缆盒安装：用于道岔时，其引入口与转辙机引线孔相对，用于信号机时，其引入口与信号机基础引入口对齐； 箱盒配线：配线时注意电缆芯线剥头长度在 10 mm 左右，芯线接触良好	
4	信号机安装	隧道区段信号机安装：隧道壁和地面分别采用镀锌角钢支架和镀锌钢管支架安装信号机； 设置于站台上的信号机：采用机构立柱固定在站台板上，机构立柱安装时应与站台板绝缘；基础中心距所属线路中心不小于 1875 mm，信号机机构的高度距轨面 1.5～2.5 m；信号机变压器箱安装在信号机构内侧，变压器箱基础螺栓距信号机机柱边缘 470 mm	 
5	转辙机安装	转辙设备安装：将转辙机用 M20×70 的螺栓固定在短角钢或托盘上，采用 BVR7×7×0.52 mm 线缆进行配线； 安装尖端杆、密贴调整杆、表示连接杆； 道岔的密贴及表示调整：用摇把手动转辙机，将道岔移动到伸出位置，使转辙机处于锁闭状态，检查密贴情况	
6	计轴设备安装	计轴磁头安装：依据技术标准和设计要求打孔、安装； 计轴箱盒的安装：根据现场的地形情况和技术标准进行安装； 电缆布线：固定电缆应注意，两根磁头电缆固定时，平行成 U 形固定于地面或墙面上，不允许有交叉的圆环出现	

续表

序号	施工工序	施工要点及方法	示意图
7	AP天线安装	轨旁无线接入单元配线必须按设备配线要求进行；多模光纤应按要求接入AP无线接入点；配线电缆、电线弯曲半径不得小于电缆直径的5倍；引入电缆或电线时，其预留长度应分别在1～2 m和0.5～1 m之间；焊接不得错焊、假焊、漏焊；电源线必须以线色区分极性，严禁极性错接与短路；交直流电源线应分开布放，交直流馈线的直流正、负极线间和负极对地之间的绝缘电阻以及交流芯线间和芯线对地之间的绝缘电阻(用500 V兆欧表测试)，均不得小于1 MΩ	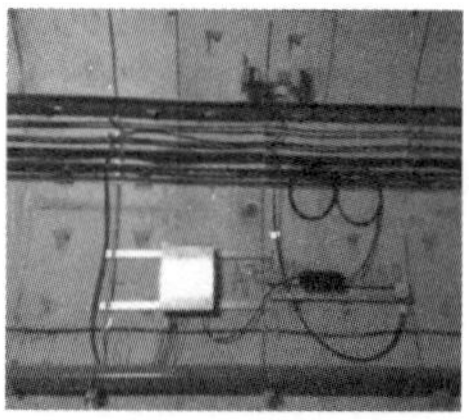
8	应答器安装	安装时应答器距轨面的高度应以应答器上表面的四角处花纹十字交叉线中心点为准，需测量确认四个测量点至轨面高度均满足65～70 mm的要求； 托板上表面至轨面的高度尽可能接近185～190 mm，最高不得超过190 mm，最低不得低于173 mm； 安装减震器时需确保紧固减震器的螺丝不能过紧，以免损坏减震器的结构；测量信标表面四角至轨面的高度，确保均在65～70 mm范围之内；测量信标同侧两角至钢轨的宽度，确保同侧两角到轨道的距离之差不大于9 mm	
9	室内设备安装	配线时严格按照图纸施工； 机柜、排架、层及应用情况须具备标识； 硬线由每层下部引入，软线由每层上部引入，电缆线在侧面槽需回弯并做好余量； 放线时要做到先本架后架间，先短后长，先软线后光电缆； 压接时，软线剥头8 mm，将所有芯线插入压针，压接牢固；接口机柜和联锁柜之间的配线采用40位万可端子配线	

第 5 章　自动售检票系统

5.1　系统构成和功能

5.1.1　系统概念和规范要求

地铁自动售检票系统（以下简称 AFC 系统）是融计算机技术、信息收集和处理技术、机械制造于一体的自动售票、检票系统。AFC 系统采用新型的非接触 IC 卡，避免了磁卡系统的清洗和塞卡现象，使设备机械结构得到简化，并降低了设备的故障率，从而为企业节省了大笔的维护、维修费用。

系统的代币式非接触式 IC 卡的应用是世界首创，车站设备人机界面良好，自动售票机和闸机可为乘客提供最方便可靠的票务服务。乘客可以随时随地给 IC 卡储值，甚至能够将 IC 卡当作电子钱包使用，同时与城市公交系统实现“一卡通”。AFC 系统的采用不仅成倍地提高了乘客的通行速度，方便了市民出行，还有利于准确及时地对客流量、销售额等数据进行实时的收集和管理。

以下内容为摘选自《地铁设计规范》（GB50157-2013）的部分条款。

18.1.10 自动售检票系统应适应车站环境的要求，车站计算机系统和车站终端设备控制器应按工业级标准进行设计。

18.1.11 自动售检票系统应选用操作简单、方便快速的设备，并应有清晰的信息提示。

18.1.12 自动售检票系统设备应具有连续 24 h 不间断工作的能力。

18.1.13 线网自动售检票系统应按多层架构进行设计，并应遵循集中管理、分级控制、资源共享的基本原则。各层级应具有独立运行的能力。

18.1.14 清分系统应结合线网规划、建设时序确定系统建设规模和分期实施方案。

5.1.2　系统构成

AFC 系统由综合中央计算机系统、中央计算机系统、编码/分拣设备、车站计算机系统、车站 AFC 现场设备（包括进/出闸机、双向闸机、自动售票机、票房售票机、自动验票机和便携式验票机）、车票及通信网络组成。

1. 车站 AFC 现场设备

AFC 车站终端设备主要功能包括接收车站计算机系统下发的系统运行参数、运营模式命令及黑名单等，以及向车站计算机系统上传原始交易数据和设备状态信息，具有正常运行、故障停用、测试、检修、停止服务以及紧急等运行模式。

当与车站计算机通信中断或系统故障时，车站售检票终端设备应具有单机工作和数据保存能力，并能实现数据的外部导出，且故障修复后数据能自动上传。

（1）闸机。

地铁采用扇门闸机，能对乘客持有的公交“一卡通”系统及地铁专用的非接触 IC 卡车票进行检查、编码,对于有效的车票打开扇门让乘客通过。

出闸机时能对指定的地铁专用非接触代币式 IC 单程卡回收。

双向闸机将同时具备进闸机及出闸机的功能。

在站控室设置紧急按钮,当发生紧急情况时,可使用该按钮打开所有闸机的扇门,保证乘客无阻碍地离开付费区。同时,在没有电力供应的情况下,闸机的扇门应处于常开状态以保证乘客进出。

员工票、特惠票、黑名单票的使用采用声光报警装置(可由车站计算机控制声响、闪光、亮灯),以便站务人员进行监督。

(2) 票房售票机。

票房售票机安装在车站的票务处,具有售票模式、补票模式以及售票、补票兼顾模式。

票房售票机由车站工作人员操作,能对公交“一卡通”及地铁专用车票进行处理。

票房售票机可对车票进行发售无效更新和充值、替换、退款、交易查询、收款记录及处理乘客投诉、记录票务管理/行政收款等。

票房售票机在完成车票处理及操作员班次结束后,将打印收据及班次报告。

(3) 自动售票机。

自动售票机安装在非付费区,用于发售代币式单程票。

自动售票机配有触摸屏以及乘客显示屏,上面配有地铁线路图以及设备使用指南。

自动售票机能发售两种不同票面的车票,并能一次交易发售多张车票,包括两种票面以及不同票值的车票。自动售票机接收硬币、纸币、地铁储值车票及“一卡通”储值车票,并可以进行硬币找零。

(4) 自动验票机。

自动验票机安装在非付费区,供乘客对车票进行查询,能读取公交“一卡通”及地铁专用车票的数据。所有涉及公交“一卡通”车票的查询需求应与公交“一卡通”系统的要求相符。

(5) 便携式验票机。

便携式验票机是站务员或稽查人员对乘客使用车票进行检查的设备,能读取公交“一卡通”及地铁专用车票的数据。

便携式验票机能通过显示器显示车票的查询结果,通过机座可与车站计算机或工作站相连,下载所需的系统参数、软件及上传数据。

2. 车站计算机系统

车站计算机系统主要功能如下。

(1) 接收中央计算机系统下发的系统运行参数、运营模式命令及黑名单等,并下传给车站现场设备。

(2) 采集车站现场设备的原始交易数据和设备状态数据,并上传给中央计算机系统。

(3) 对车站现场设备进行实时监控和管理,并显示设备的运行状态,根据需要启用紧急模式。

(4) 完成车站各种票务管理工作和自动处理当天所有的数据和文件,定期生成统计报告。

3. 中央计算机系统

中央计算机系统主要功能如下。

(1) 能独立实现所辖线路的运营管理、票务管理及设备管理。

（2）对重要数据具有自动备份和恢复功能。

（3）接收综合中央计算机系统下发的系统运行参数、运营模式命令、交易结算数据、账务清分数据、审计文件、黑名单及票卡调配管理数据等，并下载至车站计算机系统。

（4）向综合中央计算机系统上传各类车票的原始交易数据、设备状态数据及设备维修数据等，完成与清分中心的清算对账和线路的收益管理功能。

（5）接收车站计算机系统上传的车站售检票终端设备的数据，包括车票的交易数据、设备状态数据、辅助设备维修数据等。

（6）向车站计算机系统下载系统参数和运营模式命令及黑名单等。对采集的数据进行分类处理和报表打印，以满足系统监控、运营管理及决策分析的需要。

（7）对车票进行跟踪管理，并能提供车票交易的历史数据和车票余额等信息的查询及黑名单管理。

（8）具有操作权限的设置和管理功能。

（9）具有集中设备维护和网络管理功能。

4. 编码分拣设备

编码分拣设备的主要功能包括接收综合中央计算机系统下载的操作参数，以及时钟同步、安全控制、授权、定期审计查询等，同时具有对系统发行的车票进行初始编码、分拣及赋值、校验、注销等主要功能。此外还可将设备状态信息、故障信息及操作员信息上传到综合中央计算机系统。

5. 综合中央计算机系统

综合中央计算机系统主要功能如下。

（1）能独立实现所辖线网的运营管理、票务管理及设备管理。

（2）对重要数据具有自动备份和恢复功能。

（3）接收公交一卡通中央清算系统下发的系统运行参数、交易结算数据、账务清分数据及黑名单等以及公交一卡通安全、车票等参数和数据。

（4）向公交一卡通中央清算系统上传各类车票原始交易数据，实现地铁系统与公交一卡通系统间的清算、对账。

（5）统一线网内的车票发行。

（6）接收中央计算机系统上传各类车票的原始交易数据。

（7）向中央计算机系统下发系统运行参数、运营模式命令、交易结算数据、账务清分数据、各类审计文件、黑名单及票卡调配管理指令等。

（8）对系统进行密钥设置、权限管理以及密钥下载。

（9）负责一卡通车票在地铁线网内不同线路之间交易的清分。

6. 车票

车票是记录乘客乘车信息的媒介和载体，能记录车票的系统编号、安全信息、车票种类、个人信息、进出站信息、金额、有效期、历史交易记录等信息，与车站现场设备共同完成AFC系统的售检票功能。

车票的一般规定有如下方面。

（1）采用非接触卡式及代币式IC卡车票。

（2）纪念卡符合ISO14443有关票卡电气及物理特性的要求。

（3）单程票采用易于回收的代币式形式。

(4) 不需回收的车票的外形符合 ISO7816 的有关要求。

7. 通信

AFC 系统全线网和全线路的骨干传输网络由通信系统提供，各层级系统内的局域网由 AFC 系统独立构建，整个 AFC 系统的传输网络采用标准开放的协议。

5.1.3 系统参数管理

AFC 系统是广泛应用参数进行管理和控制的系统，各类参数有着不同的作用范围。AFC 系统参数可以由清分中心和线路中心设置，分别称为清分中心(ACC)级参数和线路中心(LC)级参数。

1. ACC 级参数

ACC 是城市轨道交通线网 AFC 系统各线路各类数据汇总、处理的中心，可完成 AFC 系统各种运营参数的统一协调管理。ACC 级参数又称线网全局性参数，是指针对 AFC 系统网络运营需求，由 ACC 设置的系统管理和控制的参数。在网络化运营情况下，根据典型的 AFC 三级管理模式——清分中心(ACC)、线路中心(LC)和车站(SC)三级管理的模式，ACC 级参数分为系统控制参数、线路控制参数和设备控制参数，相应参数的应用范围分别是清分中心、线路中心和车站设备，该类参数可以支持和保证车站内无障碍换乘和线路间互联互通。

(1) 系统控制参数。

系统控制参数是指为应对 AFC 系统运营需求，ACC 针对整个 AFC 线网设置的参数。该类参数包括服务商、网络拓扑、日历时间、费率、介质票卡、车票、积分方案、黑名单等。

服务商参数主要提供与 AFC 系统相关的各个运营服务商的身份和角色信息，使各服务商具有各自在全局线网内唯一的代码。网络拓扑参数是线网运营系统中对线网拓扑信息的定义，包括线路、车站和区域的信息。日历时间参数包含对轨道交通线网运营系统中日历和时间信息的定义，包括本地时间、特殊日期、时间段、旅程时间和运营时间等。费率参数定义了某个费率组在某个费率等级所对应的费率，提供了车费计算方法。介质票卡参数是对介质类型、介质技术和介质封面类型的定义，其中介质类型表示生产票卡采用的技术类别，如 Desfire、Mifare 1、CPU 卡等。车票参数包含车票处理、车票类型及车票产品发售属性等参数，其中车票类型记录了该车票的票种和是否属于优惠票成纪念票等信息。积分方案参数负责制订执行积分计划的具体属性，包含积分方法、积分兑换门限、折扣率、积分计划周期等信息。黑名单参数定义了单程票和市民一卡通中限制使用的票卡卡号清单。

(2) 线路控制参数。

线路控制参数是指为应对 AFC 系统运营需求，ACC 针对线路设置的参数。线路中心负责接收 ACC 级参数并将其下发到该线路，同时进行参数版本同步。该类参数包括车站级别、线路数据上传时间列表、ACC 数据下载时间列表等。

车站级别参数是进行库存管理的依据，包括对车站级别及库存级别的属性定义。线路数据上传时间列表参数定义了 LC 上传至 ACC 的各类数据的时间属性，包括实时客流、票卡库存、线路等数据的生成时间间隔和上传时间间隔。ACC 数据下载时间列表参数定义了线路中心下载由 ACC 下发的各类数据时间属性，包括可供线路下载的开始时间、下载次数和下载时间间隔等。

（3）设备控制参数。

设备控制参数是 ACC 对车站设备运营控制的数据定义，包括 AGM（闸机）、BOM（半自动售票机）、TVM（自动售票机）、AVM（自动加值机）等的参数。通过这些参数，ACC 对全线网内的设备进行统一设置，保证了轨道交通系统为乘客提供统一的服务界面。

各类 ACC 级参数相互组合、共同应用，不仅保证了 ACC 能够及时地逐级下发控制命令，也保证了设备中记录的各类数据能够经由 LC 定期地上传至 ACC，供清分中心进行清分结算和运营管理。

2. LC 级参数

目前的城市轨道交通网络一般以线路为单位进行建设，不同的线路可能由不同的实体来进行运营管理，因此不同线路之间的管理形式允许存在一定的差异性。线路中心可以根据不同线路的特点，对参数类型进行增补，如设备控制参数、线路系统参数等。与 ACC 级参数中的设备控制参数不同，这里定义的设备控制参数主要是对设备的运营状态、运营表现等进行相关设置，如闸机关闸时间间隔、BOM 售票时乘客显示屏显示时间、TVM 广告等，都具有线路特色。线路系统参数主要是对单条线路的系统及操作员权限进行相关设置，如单程票票箱容量、时间同步校准、操作员数量及列表、操作员密码输入时间及重试次数限制等。

5.2　换乘站系统设计

5.2.1　国内部分城市 AFC 系统现状调研

（1）当采用合设系统方案时，各城市均采用由一家集成商提供系统和设备的方式。显然，合设系统的方案必须考虑各换乘线路建设期的差异，当建设期差异很大时，将会给合同的执行带来问题。

（2）通道换乘站采用按线分设系统，同站台换乘站采用合设系统的方案是各城市的共性。同站台换乘站采用的换乘方式因运营需求不同而有所差异，应结合运营的具体需求来确定。

5.2.2　资源共享分析

1. 业务分析

资源共享不仅仅是为了节省投资，更主要的还是为了方便运营管理。因此要分析系统资源共享的问题，仍然要从系统所实现的业务开始。

系统业务从所实现的功能来分，主要包括票务类、收益类、运行类、维护类和辅助类业务等。

从运营管理的方便性和线路中心对车站的管理两方面来看，可以形成以下结论。

（1）当换乘站为一家运营单位管理，而线路中心为多家运营单位管理时，车站系统应采用合设方案。

（2）当换乘站为一家运营单位管理，且线路中心也为一家运营单位管理时，车站系统采用合设方案更方便运营管理。

（3）当换乘站为多家运营单位管理时，车站系统可采用分设方案，但合设方案在技术上也是可行的，前提是线路中心也采用合设方案。

2. 系统和设备资源共享分析

车站 AFC 系统设备主要包括计算机类设备和售检票终端设备。能够共享的设备主要是计算机类设备,但其投资对于 AFC 系统来说微乎其微,这不是 AFC 系统共享的实质。AFC 系统共享的实质是共享系统,即业务实现的平台。系统共享,则信息可以整合,管理也方便。

在这种 C/S 架构的系统中,共享的是服务端,只要访问服务端的应用接口是标准、公开的,客户端就可以是不同的人员、部门乃至单位,因此接口的标准化是 AFC 系统共享的前提。同时,共享应考虑安全,因此服务端是根据客户端的权限提供有限的服务。

3. 用房资源共享分析

车站 AFC 系统的用房主要包括设备室、票务室、配线间、维修工区等。

从设备资源共享的分析可以看出,如果采用共享方案,设备室、维修工区可以仅设置一个。票务室设置数量需结合换乘站类型进行确定,配线间是为了方便配电、布线而设置的,设置数量与具体站型有关。

4. 人力资源共享分析

在车站,涉及 AFC 系统的运营人员主要是客运人员和维护人员。其中,售票员的配置是与半自动售票机设置相关的,因此这类人员和设备一样,不会因是否为换乘站而有所减少。值班站长、客运值班员均有管理车站票务的职能,但这只是其运营管理职能之一。因此客运人员配置的多少不仅取决于 AFC 系统的设置,同时,当换乘站由一家运营单位管理时,其工作量相比普通站将增大,人员配置依然需根据工作量确定。

5. 资源共享分析总结

从以上几方面的分析可以看出,换乘站系统整合与否对于设备配置、用房设置、人力配属等的影响很小,合设方案与分设方案相比并没有很明显的优势。而对于系统业务的处理,换乘站系统整合则具有较大的影响,合设方案较分设方案更方便运营和管理,主要体现在车站和线路中心管理等方面。

5.2.3 天津地铁 6 号线 AFC 系统

天津地铁 6 号线采用非接触式 IC 卡 AFC 系统,并实行联乘票价制,实现轨道交通车票的自动和半自动售票、自动检票、计费、收费、统计、结算全过程的自动化管理,系统设计能力能满足远期超高峰小时客流量的需要。系统设备按近期超高峰小时客流量进行配置,并按远期超高峰小时客流量预留安装和接入条件。系统采用全封闭式的票务收费管理模式和预留区域票务收费管理模式,并接入轨道交通网络清算管理中心,实现与各轨道交通线路 AFC 系统的联网运行,满足乘客在路网内无障碍一票换乘和市政交通一卡通在路网内各线路统一应用的要求。

①三线换乘车站合设车站级自动售检票系统,实现了设备共享,系统图如图 5-1 所示。

②实现了共用站厅换乘通道内闸机的分期开通。

初期开通平面,服务 6 号线与 Z2 线同站台换乘。最终开通平面,实现三线换乘。

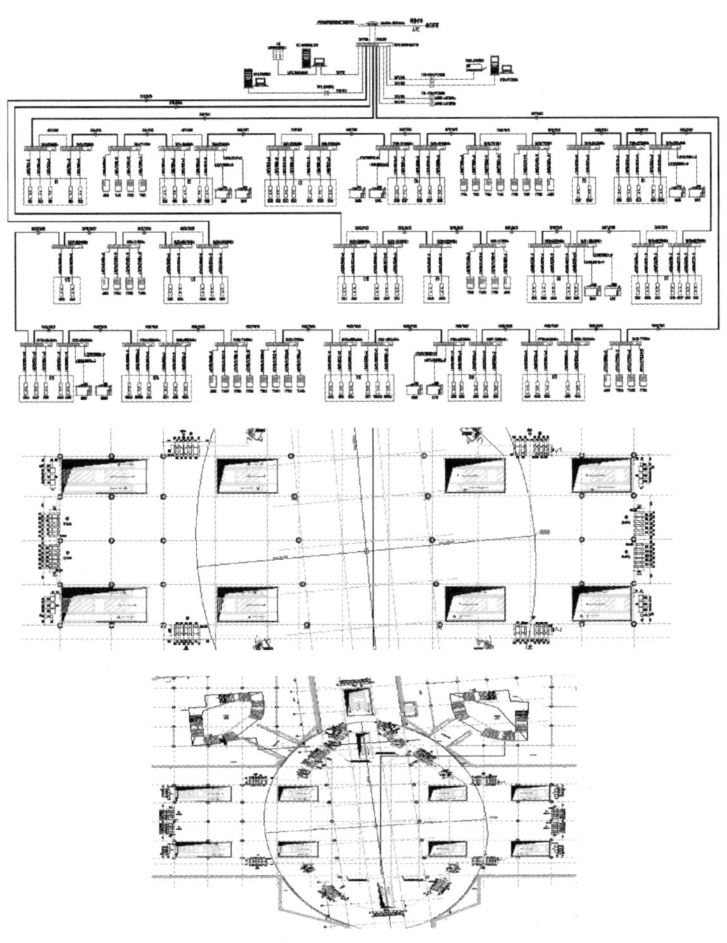

图 5-1 三线换乘车站自动售检票系统共享图

5.3 自动售检票系统施工方案

1. 自动售检票系统专业概况

天津市地铁 AFC 系统为一个封闭式收费系统，系统采用自动、半自动售票，以自动售票为主，人工售票为辅，自动检票，与地铁各线路通过付费区换乘。系统使用非接触式 IC 卡作为车票媒介，采用计程、计时票价。AFC 系统兼容天津市“长安通”、交通卡（满足交通部标准）的功能及手机支付的功能。

2. 施工工序流程

根据本工程的特点和总体安排的要求，本系统总体施工工序流程如图 5-2 所示。

3. 施工要点及方法

自动售检票系统施工要点及方法详见表 5-1。

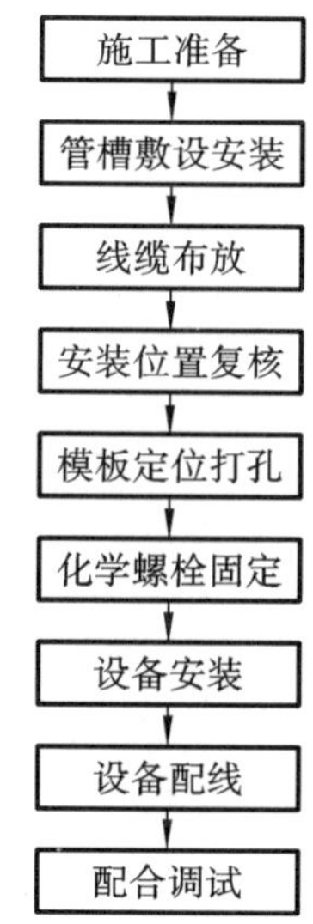

图 5-2　自动售检票系统施工流程图

表 5-1　自动售检票系统施工要点及方法

序号	施工工序	施工要点及方法	示意图
1	闸机、自动售票机、自动验票机的安装	利用模板在设备安装位置处打孔,将膨胀螺栓打入地下;将设备搬至安装位置,设备底座安装孔与膨胀螺栓对准,拧紧螺帽;固定好设备,将通信电缆和电源电缆从设备的引线孔引至相应的安装端子;电缆端头按照设计要求制作,通信电缆采用RJ45 接头,电源电缆采用铜线环做头;将电缆配至设备的正确端子上,保证配线紧固牢靠	
2	票房售票机的安装	售票厅内的售票终端、旅客显示器、IC 卡读写器、售票机等在票房内按设计的要求位置摆放在工作台面上;通信、电源电缆由地面的引线孔、工作台走线孔连接至相应的设备安装位置;机房内电源、车站控制设备等按设计要求进行排列和安装	
3	车站计算机的安装	计算机主机、网络交换机、集线器安装在设计指定位置的机柜内;机柜按设计要求与方式予以固定;将所有设备的电缆引到集线器机柜;安装系统的配线,包括通信电缆、电源电缆;设备固定完成后作防水处理	

续表

序号	施工工序	施工要点及方法	示意图
4	设备配线及调试	按设备出厂提供的配线图和系统连接图连接所有设备，布放与相关系统的接口电缆；配线连接完成后，检查并保证设备的接地可靠；所有检查完成后进行系统调试	

第 6 章　火灾自动报警系统

6.1　FAS 的设计

6.1.1　系统结构设计

城市轨道交通 FAS 常独立进行系统构建，全线各站设置的火灾自动报警控制器均作为网络节点，通过通信专业提供的光纤，与设置在控制中心的火灾自动报警系统设备相接构成一个环形网络，系统结构如图 6-1 所示。

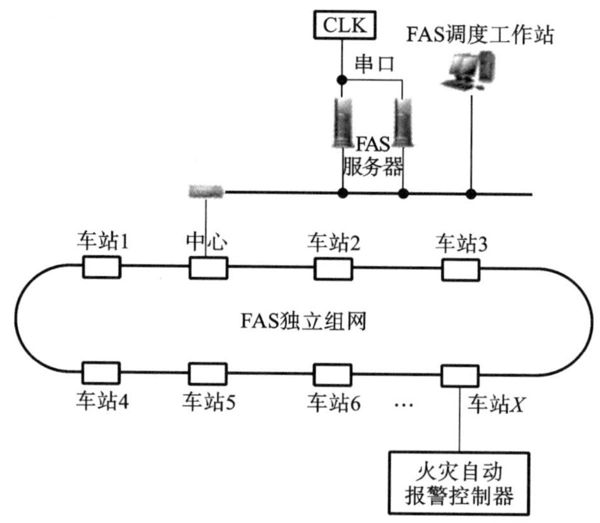

图 6-1　FAS **结构**

在发生火灾时，车站相关系统按照预定模式进行联动。

（1）环境与设备监控系统（BAS）：采用通信连接方式，在火灾发生时，FAS 向 BAS 发出火灾模式信息，BAS 控制相关设备的动作实现消防联动。

（2）气体灭火系统：独立完成保护区内的火灾报警及气体喷放等监控功能，并通过通信接口将信息上传至车站级 FAS。

（3）车站紧急后备盘：硬线方式连接，在紧急情况下，值班员通过紧急后备盘上的火灾模式按钮，人工启动 FAS 和 BAS 的相应模式。

（4）自动售检票系统：以硬线方式连接，在发生火灾时，实现闸机紧急释放，便于人员疏散、撤离。

（5）门禁系统：在火灾情况下，门禁系统接收 FAS 指令后，可实现通道门和房间门的释放，方便救灾、灭火。

（6）供电设备：以硬件方式连接，在发生火灾时，实现切除非消防用电。

（7）综合监控系统（ISCS）：以通信方式连接，车站级实现对 FAS 设备的监控和火灾的确认等相关操作，同时通过与其车站级互联的广播系统实现消防广播联动，通过互联的闭路电视系统主动将监视器屏幕切到火灾发生现场的视频监视画面。车站综合监控系统将本站火灾信息上传到中心综合监控系统，中心综合监控系统根据预定模式向相邻车站的综合监控系统下发救援控制命令，同时把火灾信息传递给信号系统，执行列车的后方站紧急扣车或过站不停车等紧急控制命令，从而实现线路全系统的联动，并控制和扑灭火灾，防止火灾发展和蔓延，保证人民生命和财产的安全。通过综合监控系统，能高效地组织人员撤离，缩短应急事件的处理时间，提高运营管理效率。

在此综合监控系统深度集成 FAS 的模式下，车站内将不再设置 FAS 工作站。操作员可以通过综合监控系统工作站，实现原 FAS 工作站上的监视和控制功能。这减少了投资并降低了操作的复杂度，有利于防灾救援的实施。

在此模式下，虽然 FAS 仍保留了自身的独立光纤环网、独立的中心服务器和工作站，但在实际应用中只作为后备冗余使用。

6.1.2 系统功能设计

ISCS 集成 FAS，ISCS 中心级和车站级工作站可以实现全线和本车站范围的 FAS 功能。

(1) 火灾信息的监视：感烟或感温探头预报警，报警信息画面及报警窗显示，报警确认；手动报警信息的显示和确认；火灾分区的报警显示和确认。

(2) 探头工作状态的显示和控制操作：感烟或感温探头的隔离，恢复状态显示和状态转换控制。当探头发生故障时进行隔离操作，以防止误报；使用恢复操作可取消隔离状态，使其进入工作状态。

(3) 风机和风阀的控制：在 FAS 控制范畴内，风机和风阀采取单点控制。

(4) 火灾模式的手动下发：适用于未能由 FAS 产生火灾报警信息等特殊情况下的火灾救援，如 FAS 探头故障等。

(5) FAS 报警控制器的操作：采用手动/自动模式的状态显示和模式转换控制。

(6) 实现消防系统的联动：当发生区域火灾时，在手动模式下向 FAS 报警控制器下发火灾确认指令。

(7) 报警控制器的报警消音：可停止 FAS 报警控制器的分区报警音。

(8) 报警控制器的报警复位控制：恢复报警控制器到正常状态，以便于再次发生火灾时系统能正常工作。

6.2 换乘站建筑及消防原则

一条线路、一座换乘车站及其相邻区间的防火设计按同一时间内发生一次火灾来考虑，并综合考虑防火、排烟、疏散、救灾等方面。换乘站建筑及消防原则见表 6-1。

表 6-1 换乘站建筑及消防原则

规范名称	条文	备注
《建筑设计防火规范》GB50016-2014	城市、居住区根据人数 1 万～100 万人，同一时间内的火灾次数从 1～3 次；工厂根据基地面积及附件居住区人员，火灾次数从 1～2 次；仓库及民用建筑均按一次考虑	用于确定室外消防用水量

续表

规范名称	条文	备注
《地铁设计规范》GB 50157-2013	同一条线路应按同一时间内一处发生火灾考虑;换乘车站也应按同一时间内一处发生火灾考虑	
《跨座式单轨交通设计规范》GB 50458-2008	同一条线路按同一时间内发生一次火灾考虑;两条及两条以上线路的换乘车站应按同一时间内发生一次火灾考虑	
《城市轨道交通设计规范》DG/TJ 8-109-2017	一条线路、换乘车站及相邻区间应按同一时间内发生一次火灾考虑	
《北京市城市轨道交通工程技术标准》(暂行)	一条线路、换乘车站及相邻区间应按同一时间发生一次灾害考虑	
《地铁设计防火规范》(征求意见稿)	一条线路、换乘车站及其相邻区间的防火设计按同一时间发生一处火灾考虑	
NFPA130(2003 版)	Assumption of a Single FireSource. The protection methods described in this standard shall assume a single firesource	单个火源假设:本标准中的各项措施均建立在单火源假设的基础上

(1) 天津地铁隧道火灾排烟时需要联动前后共四个车站的隧道风机,而上海、广州地铁只需联动前后共两个车站的隧道风机。因此,天津、北京地铁换乘车站相邻区间发生火灾时,不能再同时发生火灾的范围应扩大到换乘车站及相邻的两个区间(如图 6-2 所示)。

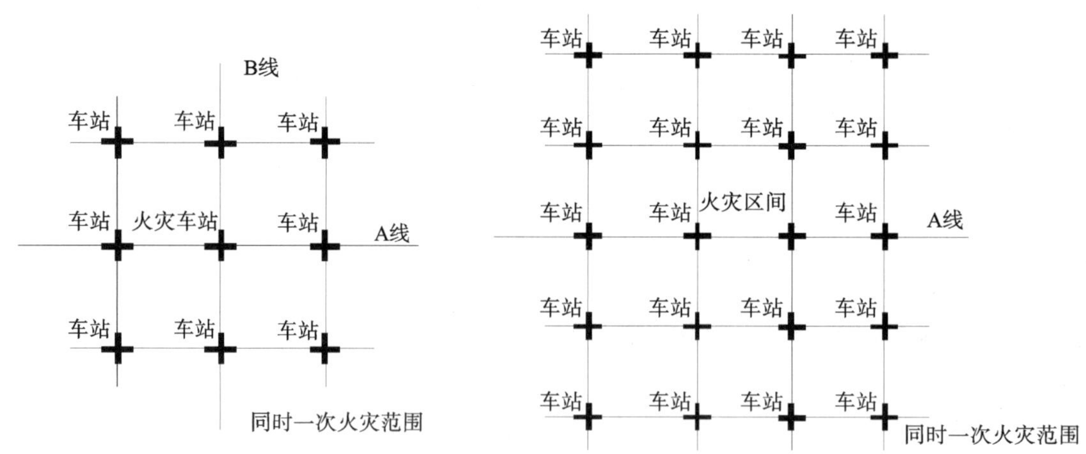

图 6-2 换乘车站同时火灾范围图

(2) 换乘站的防火分区建议如下划分。

①同站台换乘站:两线车站公共区为一个防火分区。

②同站厅换乘站(T 型、L 型、十字型):两线车站公共区为一个防火分区,两线站台分别采取防火分隔措施。

③通道换乘站:两线车站公共区分别为两个防火分区。

6.3　火灾自动报警系统施工方案

1. 火灾自动报警系统专业概况

天津地铁 6 号线设置火灾自动报警系统(含气体灭火控制系统)。FAS 按中央、车站两级调度管理,中央、车站、就地三级监控的方式设置,对地铁全线及各相关建筑进行火灾探测、报警和控制。FAS 负责实现火灾探测、向车站控制室及线路运营控制中心发出火灾警报,报告火灾区域,并和环境与设备监控系统、综合监控系统配合或独立实现消防设备的联动控制。

2. 施工流程

根据本工程的特点及总体安排的要求,本系统总体施工流程如图 6-3 所示。

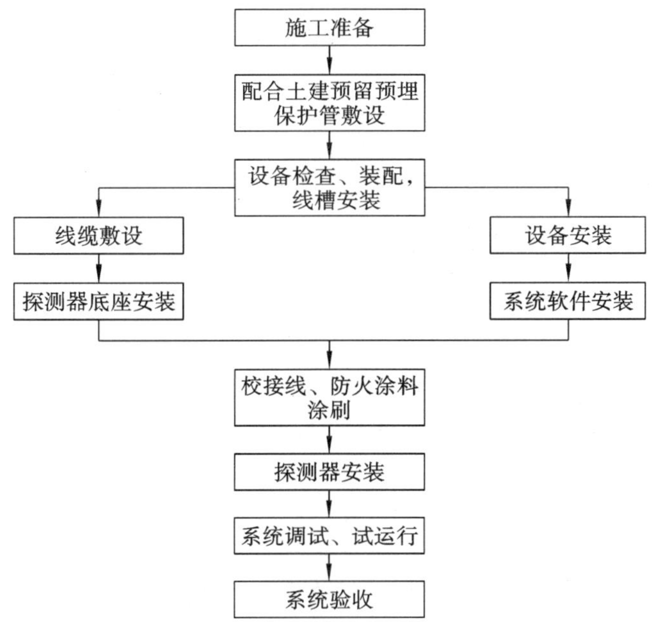

图 6-3　火灾自动报警系统施工流程图

3. 施工要点及方法

火灾自动报警系统施工要点及方法详见表 6-2。

表 6-2　火灾自动报警系统施工要点及方法

序号	施工工序	施工要点及方法	示意图
1	探测器的安装、接线	探测器的定位、固定及接线均应符合设计要求	穿线管 预埋盒 探测器底座 探测器 螺钉M4

续表

序号	施工工序	施工要点及方法	示意图
2	手动报警器的安装	手动报警按钮应设置在明显和便于操作的部位，距地面高度为1.5 m,安装牢固，不得倾斜；外接导线留有不小于10 cm的余量，并在端部有明显标志	
3	模块、声光报警器、警铃安装	标准安装型：可直接安装在现场标准86型预埋盒和120型单联电气盒内； 警铃安装：先将警铃安装板用M4螺钉紧固在预埋件接线盒上，然后插上警铃；将联动控制器的配套执行件中的被控继电器的常开触点与直流电压24 V外控电源线串联后，与警铃的两根输入线连接	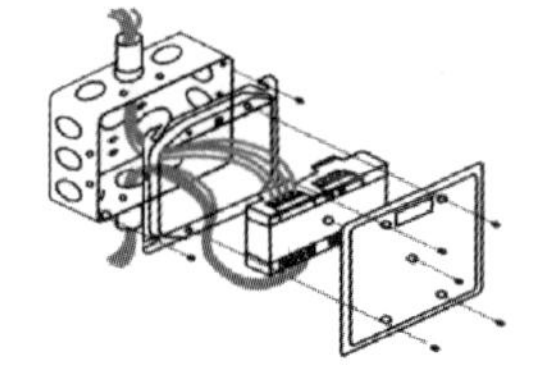 标准安装型组件安装示意图 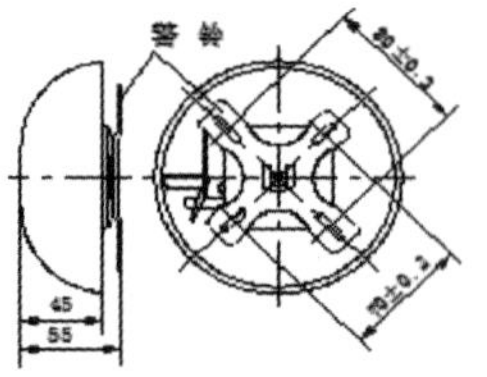 警铃安装示意图
4	火灾报警控制器及联动控制器的安装及端子箱接线	报警器及联动控制器均安装在消防中心的机柜内，机柜安装应牢固，不得倾斜，便于操作； 控制器箱、柜、操作台应将其装在型钢基础底座上；机柜内的配线应整齐，走向规范，避免交叉，接线牢固可靠，线端做好明显的线号标示，并应与图纸一致	
5	放烟实验	通过放烟实验验证各系统功能	

6.4 气体灭火系统施工方案

1. 气体灭火系统的专业概况

为保证地铁工程的正常运营和消防安全，尽可能减少火灾发生后的经济损失及恢复地铁的正常运营，全线各地下车站的通信设备室（含电源室）、信号设备室（含电源室）、环控电控室、站台门控制室、商业通信机房、公安通信机房、AFC 设备室等，以及变电所的控制室、开关柜室、整流变压器室、牵引网室、应急电源室或蓄电池室等应采用气体自动灭火系统进行保护。

2. 施工流程

根据本工程的特点及总体安排的要求，本系统总体施工流程如图 6-4 所示。

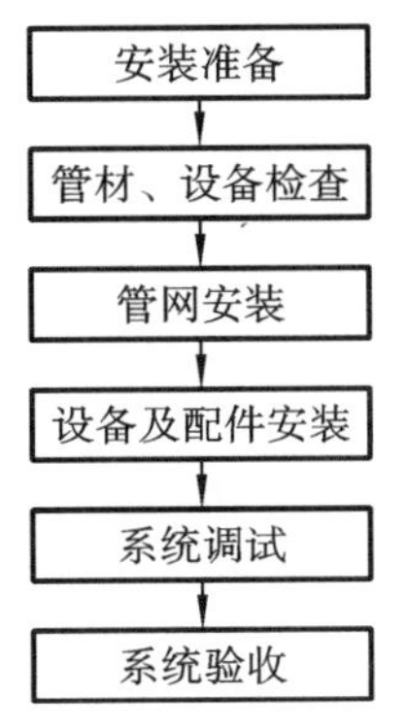

图 6-4　气体灭火系统施工流程图

3. 施工要点及方法

气体灭火系统施工要点及方法详见表 6-3。

表 6-3　气体灭火系统施工要点及方法

序号	施工工序	施工要点及方法	示意图
1	支、吊架的安装	安装支、吊架的位置和标高准确，间距应合理；按设计图纸要求及相关规范进行安装	
2	管道预制加工	管道切断； 管道内的检查、清扫、配管端的保护； 将预制加工好的管段配件零件编号，放到适当位置调直，等待安装	
3	管道安装	包括主干管、支干管、支立管、分支管、集合管、导向管安装；安装时，由主管道开始，其他分支依次进行	
4	设备支架安装	按照设计图纸要求，进行设备支架的组装，各部件的组装应使用配套附件螺栓、螺母、垫圈、U 型卡等，外露螺栓长度为其直径的 1/2 为宜；储藏容器支架组装完成，经复核符合设计图纸要求后，用 4 根膨胀螺栓固定在储藏容器室的地面上	

续表

序号	施工工序	施工要点及方法	示意图
5	药剂钢瓶安装	安装时,压力表观察面及产品标牌应朝外;钢瓶排列整齐,间距符合设计要求;钢瓶重量由楼板承担,先在墙面上固定一根槽钢,再用抱卡将钢瓶与槽钢卡在一起;抱卡的高度应在钢瓶2/3左右,并尽量避开标牌;当槽钢在墙面上不能固定时,做成框架固定在地面上	
6	集合管及配管件、选择阀安装	把集合管设置在支架上面,将固定螺栓临时拧紧,连接口(导向管)垂直向下,将所定方向调整到符合要求后,固定拧紧;一般选择阀为法兰连接,应使法兰上的螺栓孔与水平或垂直中心线对称分布	集合管 导向管 安全网 末端 支架
7	管道单项及系统试压	系统内水压试验; 系统内吹扫试验	
8	设备稳固、刷油、喷嘴安装	按设计要求的编号、顺序进行储藏容器的稳固;进行管道及设备刷油;喷嘴安装根据设计图纸对号安装并安装喷嘴保护罩	
9	系统调试	系统安装完后应按防护区总数(不足10个按10个计)的10%进行模拟喷气试验;合格后,将室内烟气排除干净,以防污染	

4. 施工方法

(1) 管道支、吊架安装。

①管道应固定牢靠,管道支、吊架的最大间距应符合表6-4的规定。

表6-4 管道支、吊架的最大间距

DN/mm	20	25	32	40	50	80	100
最大间距/m	1.8	2.1	2.4	2.7	3.0	3.7	4.3

②支架与末端喷嘴间的间距不应大于500 mm。

(2) 管道安装。

①管道下料。

根据图纸和现场实际测量的管道尺寸画出草图,按草图计算管道长度下料,在管道上画出所需的分段尺寸后,使用割管器将管道垂直切断,然后切割好的管道切口用锉刀挫平,并除去管道内外的卷边、毛刺。

②管道套丝。

管径为20～32 mm的一般套两次,管径为40～50 mm的套3次,管径为70 mm以上的套3～4次为宜。将管材夹在套丝机卡盘上,留出适当长度将卡盘夹紧,对准板套号码,上好板牙,按管径调整位置对准所需的刻度,紧住固定板机,将润滑管对准丝头,开机推板,待丝扣套到适当的长度,轻轻松开扳机。管道套丝安装规格见表6-5。

表6-5　管道套丝安装规格表

项次	公称直径		普通丝头		长丝(连接设备用)		短丝(连接阀类用)	
	mm	m	长度/mm	螺纹数	长度/mm	螺纹数	长度/mm	螺纹数
1	25	1	18	8	60	26	15	6.5
2	32	11/4	20	9			17	7.5
3	40	11/2	22	10			19	8.0
4	50	2	24	11			21	9.0
5	70	21/2	26	12				
6	80	3	28	13				

③配装管件。

根据现场测绘的草图,将已套好丝扣的管材,配装管件。配装管件时应将所需管件带入丝扣,试试松紧度(一般用手带入3扣为宜)。套丝后应在螺纹的表面做防锈处理(刷防锈漆),然后在丝扣处涂厌养胶、缠聚四氟乙烯生料带后带入管件。再用管钳将管件拧紧,使丝扣外露2～3扣。最后去掉填充物,擦净胶水,编号后放到适当位置等待安装。

④管道安装。

将预制加工好的管道按草图顺序在地面组装一部分,长度以便于吊装为宜。起吊后轻落在支、吊架上,再依次进行连接,最后采用U型卡将管道固定。安装完毕后还应拨正调直,沿管端上方向后观察,整根管道应在一条水平线上。用水平尺在管段上复验,防止局部管段有下垂或拱起现象。

(3) 集合管及配管件安装。

把集合管设置在支架上面,将固定螺栓临时拧紧,连接口垂直向下。将高压软管安装后使其扭曲度不产生附加应力,把所定的方向调整到符合要求后,固定拧紧即可。

集流管应固定在支、框架上,安装前应清洗内腔并封闭进出口。支、框架应固定牢靠,且应做防腐处理。集流管上的泄压装置的泄压方向不应朝向操作面。集流管外表面应涂红色油漆。

(4) 喷嘴安装。

喷嘴安装时应根据设计图纸要求对号入座,不得任意调换、装错,以免影响安装质量。

喷嘴与管道连接采用丝扣，具体安装方式详见管道连接。安装在吊顶下的带装饰罩的喷嘴，其装饰罩应紧贴吊顶，喷头位置应结合装饰吊顶尺寸进行适当调整，保证喷头在活动吊顶的中间，从而达到美观要求。

(5) 储存容器的安装。

①储存容器的操作面距墙或操作面之间的距离不宜小于 1.0 m。

②储存容器上的压力表应朝向操作面，安装高度和方向应一致。

③储存容器的支、框架应固定牢靠，且应做防腐处理。

④储存容器正面应标明“IG541”字样及容器编号。

(6) 电磁阀安装。

①在安装电磁阀前，要确认电磁阀启动器处于未启动状态，反之则不要安装。安装后(验收前)应确认控制盘到电磁阀启动器的电源已经断开，如不断开电源会引起误喷。

②电磁启动器应安装在压力启动器顶部的螺纹上并拧紧。

(7) 压力启动器安装。

①在瓶头阀顶部的螺纹上安装压力启动器并拧紧(用手即可)。

②在安装压力启动器前，要确认压力启动器处于未启动状态，反之则不要安装。

(8) 高压释放软管。

①从瓶头阀上把球型单向阀的旋塞卸下(确认弹簧和球体在阀中而不被卸走，如果卸下，则在启动时瓶头阀不会动作)。

②把接头和 90°螺纹弯头或螺纹三通拧到阀上，在所有的阳螺纹上使用少量的密封胶。

③通过三通、接头、弯头将不锈钢启动软管接至钢瓶瓶头阀上。

(9) 手拉启动器安装。

①手拉启动器应安装在墙上距地面高度 1.5 m 处，应安装牢固并不得倾斜。

②最末端的手拉启动器应安装 4.7 K 的检测电阻。

(10) 紧急停止开关。

①紧急停止开关应安装在墙上距地高度 1.5 m 处，应安装牢固并不得倾斜。

②最末端的紧急停止开关应分别安装 4.7 K 的检测电阻。

(11) 系统试压。

①气压强度试验：气压强度试压时应以不大于 0.5 MPa/s 的升压速度缓慢升压至试验压力 10.5 MPa，保压 5 min，检查管道，以各处无渗漏(采用肥皂水喷涂在管件连接处看有无气泡冒出)、无变形为合格。

②管道吹扫：灭火剂输送管道在水压试验合格后，应进行吹扫。吹扫管道可采用压缩空气或氮气，吹扫时，管道末端的气体流速不应小于 20 m/s，直至无铁锈、尘土、水渍及其他异物出现。

③管道气密性试验：气密性试验时应以不大于 0.5 MPa/s 的升压速度缓慢升压至试验压力 7 MPa，关闭试验气源 3 min 内压力降至以不超过试验压力的 10%，即 0.7 MPa 为合格。

(12) 系统调试。

用主、备电源供电，分别按以下步骤进行调试。

①在自动状态下，当控制器接收到火灾自动报警控制器发出的启动控制信号以后，输出正确的声光报警信号。经过规定时间的延时后，灭火剂或气体应能正确喷入被试防护区内，

且能从被试防护区的每个喷嘴喷出。

②在手动状态下，按下防护区门口的紧急启动按钮，当控制器接收到相应的启动控制信号以后，输出正确的声光报警信号。经过规定时间的延时后，灭火气体应能正确喷入被试防护区内，且能从被试防护区的每个喷嘴喷出。

③模拟试验在电气设备启动全部失灵的情况下，机械应急启动，按压相应防护区域的先导控制器手柄，气体应能正确喷出，松开手柄后应能停止喷放。

④分别在自动和手动状态下，在延时时间内，按压防护区门口的紧急截止按钮，报警控制器应不再输出启动信号。

模拟喷气试验的结果，应符合下列规定。

①灭火剂或气体应能喷入被试防护区内，并应能从被试防护区的每个喷头喷出。

②有关控制阀门工作正常。

③有关声、光报警信号正确。

④储罐间内的设备和对应防护区内的灭火剂输送管道无明显晃动和机械性损坏。

⑤有关联动设备(包括风机、防火阀等)工作正常。

进行调试试验时应请监理人员参加，并做好记录。

调试完毕，厂家和安装单位双方共同在调试报告上签字，由安装单位报送监理。

(13) 系统安装注意事项如下。

①在系统交付业主使用前，电磁阀启动器应与释放回路断开。

②高压启动软管在安装管道与管件前应确认所有端部都仔细地去除毛边，清除铁屑和氧化皮；在管道和管件的连接处必须无油脂和脏物；管道和管件连接处必须用密封带密封，当绕密封带时，从阳螺纹的第二扣开始离开管口按顺时针方向多绕两圈(不要让密封带挡住管口，否则可能导致气体压力的阻塞)。

③单向阀安装时阀体上的箭头方向应与管道气体流动方向相同。

④减压装置安装时应注意外壳上永久性箭头标志表示的箭头方向应与管道中气体流动方向一致。

第7章　综合监控系统

综合监控系统由中心级系统、车站级系统、车辆段、停车场级系统、数据传输通道、维修管理系统、软件平台等组成，用以满足控制中心、车站、车辆段、停车场各级调度人员和值班员的岗位功能要求。综合监控系统采用统一的软件开发平台和统一的数据库平台，以乘客、环境及设备的防灾和安全为核心，并为安全行车和调度指挥提供应急处理方案及丰富的信息，进一步提高城市地铁的服务质量和运营管理水平。

7.1　系统特点和结构

7.1.1　系统的组成和特点

综合监控系统（Integrated Supervision and Control System，简称 ISCS）主要由控制中心 ISCS、车站 ISCS、车辆段/停车场 ISCS、网络管理系统、软件测试平台、维修管理系统、培训系统、环境与设备监控子系统（Building Automation System，简称 BAS）、广播（Public Address，简称 PA）子系统、闭路电视（Closed Circuit Television，简称 CCTV）子系统等组成。

综合监控系统的特点可归纳为以下几个方面。

(1) 采用统一的软硬件平台。维护人员只需维护一套系统，大大降低了运营维护工作量。各类调度员使用同一套系统，人机界面和操作方式等相同，运行人员的培训也变得容易。

(2) 调度操作与地理位置无关。综合监控系统采用分布式结构，任何一个位置在授权下都可完成所集成专业的调度操作。

(3) 可以进行跨专业的联合调度。发生紧急情况时，各个专业的子系统能相互联动。综合监控系统使整个系统的信息得到最大限度的共享和综合，可实现不同专业的联动功能。综合监控系统仍按两级调度构成系统，中央和车站可定义不同的联动逻辑。

(4) 子系统众多，接口复杂，数据量大，技术要求高，需要一套先进而成熟的面向轨道交通特定行业的软件平台，以满足轨道交通运营可靠性、安全性和实时性的要求。

7.1.2　系统结构

ISCS 系统采用分层分布式结构，硬件分为三层：中央级综合监控系统（CISCS）、车站级综合监控系统（SISCS）、现场级控制层设备。

1. 中央级综合监控系统

中央级综合监控系统由实时服务器、历史服务器、中央以太网交换机、各类工作站、前端处理器（Front End Processor，简称 FEP）、打印机、综合显示屏（OPS）等构成，如图 7-1 所示。

CISCS 完成对全线重要监控对象的状态、性能数据的实时监视和控制。CISCS 通过 OCC（Operating Control Center，运行控制中心，简称 OCC）综合监控设备室以太网交换机的 1000 Mbps 光纤以太网接口与通信主干网连接。CCTV、PA、PIS 等系统直接接入中央局域

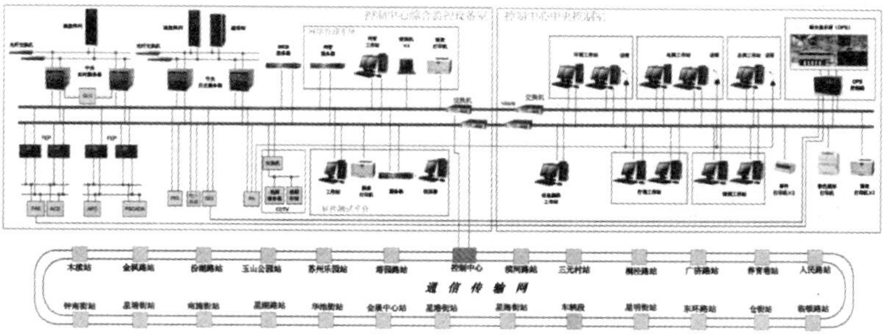

图 7-1　中央级综合监控系统示意图

网，FAS、ACS、PSCADA 以及 AFC 等中央级互联系统通过 FEP 接入。

2. 车站级综合监控系统

车站级综合监控系统由车站服务器、工作站、打印机、FEP、综合后备盘（IBP）等构成。SISCS 对本站监控对象的状态、性能数据进行实时收集和处理，并通过操作员工作站以图形、图像、表格和文本的形式显示出来，供车站值班人员控制和监督。当中央级综合监控系统和主干网发生故障时，车站级综合监控系统仍可在车站级范围内继续进行控制。SISCS 通过车站以太网交换机的 1000 Mbps 光纤以太网接口与通信主干网连接。BAS、CCTV、PA 等系统直接接入车站局域网，PSD、FG、PSCADA 等车站级集成、互联系统通过 FEP 接入。车站级综合监控系统如图 7-2 所示。

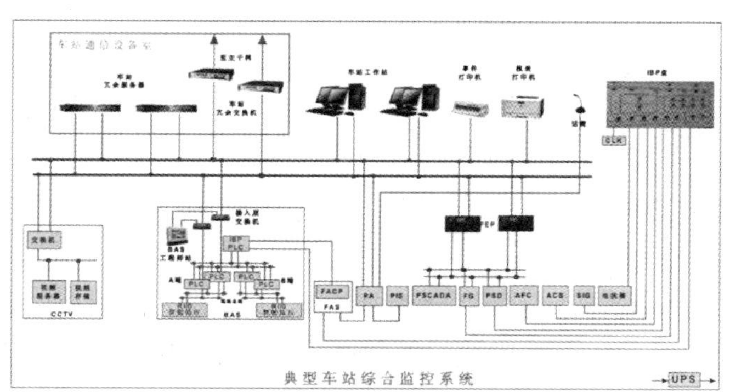

图 7-2　车站级综合监控系统示意图

车辆段/停车场综合监控系统与车站级综合监控系统一样，只是配置有所不同。车辆段综合监控系统如图 7-3 所示。

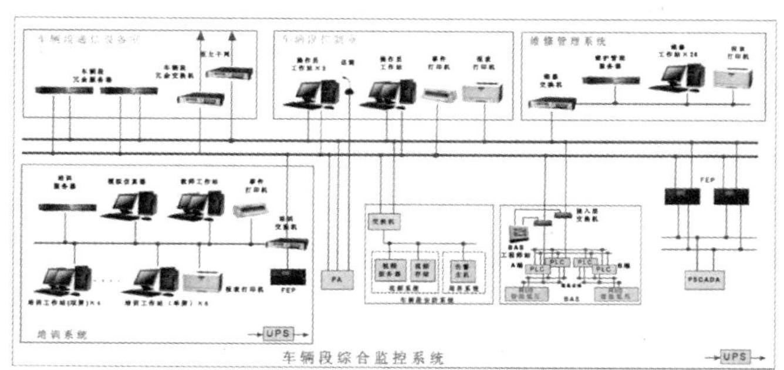

图 7-3　车辆段综合监控系统示意图

3. 现场级控制层设备

综合监控系统所集成的 BAS、PA、PIS、CCTV、PSCADA、FAS、PSD、FG 系统的就地设备构成 ISCS 硬件结构的第三层。

7.2 系统网络方案

7.2.1 组网方案

主干网组网方案可以分为两种:一种是通信传输系统提供主干网;另一种是综合监控系统单独组网。

1. 通信传输系统提供主干网

主干网传输通道由通信专业提供,通信专业在控制中心、各车站、车辆段为综合监控系统提供双路冗余的主干网络传输通道。相应网络示意图如图 7-4 所示。

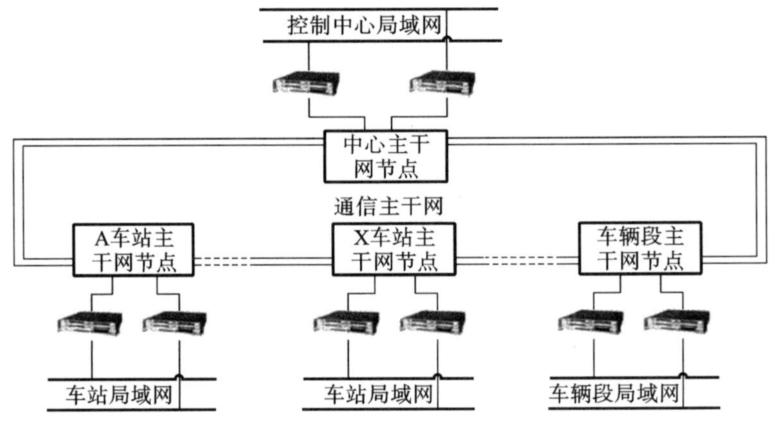

图 7-4 通信传输系统提供主干网示意图

本网络方案中,网络整体结构为独立双网结构。控制中心、车站、车辆段各配置两台工业级以太网交换机为综合监控系统信息传输提供服务,每台交换机上连一个接口到通信传输系统提供的主干网的以太网接口(接口速率为 1000 Mbps),主干网为综合监控系统提供透明传输通道。

采用本网络方案的优点是在带宽满足系统需要的前提下可以节约成本,无须增加光纤及光口模块设备等。缺点是带宽利用率不高。主干网传输设备虽然提供 1000 Mbps 的以太网接口连接到 ISCS 以太网交换机的 1000 Mbps 以太网接口中,但扣除数据封装开销后,实际带宽利用率不足 60%。

2. 综合监控系统单独组网

由 ISCS 系统通过车站、中心、车辆段的交换机独立组环网,实现 ISCS 系统内部数据的传输。相应网络示意图如图 7-5 所示。

本网络方案中,网络为独立以太双网结构,网络结构为双环型。控制中心、车站、车辆段各配置两台工业级以太网交换机,控制中心、各车站、车辆段的每台交换机通过跳站连接的方式互连成环形结构,为 ISCS 系统提供信息传输服务,提供信息传输的服务质量保证、冗余故障切换等功能。

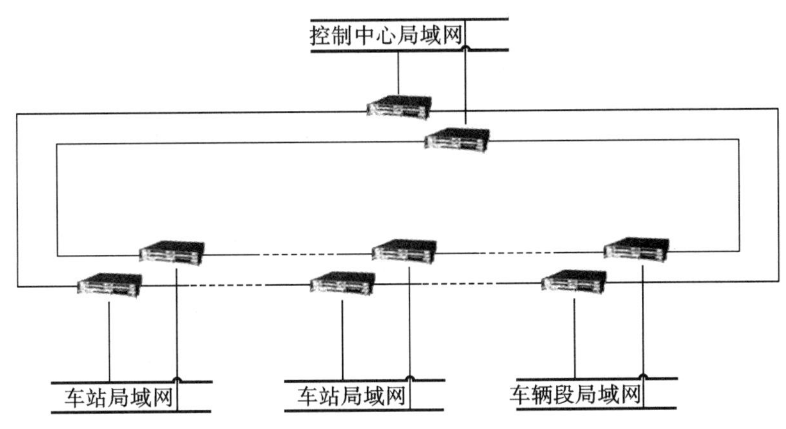

图 7-5 综合监控系统单独组环网示意图

采用本网络方案的优点是信息传输更为高效，不存在数据封装的额外开销，端口的实际带宽利用率为100%，能够保证在大数据流量下网络的稳定运行。缺点是需要增加光口模块及光纤跳线等设备，设备成本、施工成本及后续维护成本都会增加。

由于本方案需要通过交换机构成环形网络结构，可采用跳站连接的方式，从而节省光纤及施工成本，使网络结构更为合理。

7.2.2 系统的功能

正常情况下，总调度员将负责综合监控系统及各子系统的调度与管理工作，协调相关业务台间的工作，共享网上各子系统的运行信息，并协调完成相关调度台之间的配合工作，监视各系统设备的相关运行状态。综合监控系统在日常监控管理模式下，由OCC监控全线各车站、各有关专业系统。综合监控系统根据预排时序和规定模式定时起停各种设备，并可根据列车运行信息、客流信息、环境探测参数调整供电、照明、环控、引导显示、售检票等系统参数，监控各系统工作状况。

1. 火灾模式下的联动控制功能

当火灾发生时，总调度员根据现场的实际情况，制定相关的应急处理措施，及时决策，并监督防灾指挥台完成各项程序，有效指挥。

当车站、控制中心的现场探测设备确认火灾报警信息后，OCC自动转为防灾指挥中心，并自动切换到全系统的灾害模式。此时综合监控系统将综合现场报警信息、列车位置等相关信息，使各有关系统协调工作。

OCC的环调工作站自动成为防灾指挥中心站，显示防灾指挥主画面。大屏幕系统可按火灾模式分割画面，成为指挥中心系统的显示窗口，向行车调度员发送火灾报警信息。各车站环控系统、防排烟系统、消防泵站、屏蔽门、动力照明系统、门禁系统、广播系统、乘客资讯系统、闭路电视系统、自动售检票系统等自动进入火灾模式，按照预定的方式，同时、自动地进入相应的工作状态。

2. 阻塞模式下的中央联动功能

在阻塞发生时，总调度员根据现场的实际情况制定相关的应急处理措施，并配合OCC工作人员，协调各业务台间的工作，及时决策、有效指挥。

当列车在站台、隧道区间受阻时，地铁运营部分受阻滞，综合监控系统收到ATS系统传来的信息后自动进入阻塞模式。OCC 大屏幕发出进入阻塞模式的消息，报警体系在 OCC 和各车站车控室提醒操作员进入阻塞模式，并在 OCC 大屏幕和车控室的值班员工作站的显示屏上显示列车的位置、状态、运行方向等信息，各有关系统也将协调互动，协助 OCC 调度人员消除阻塞。

3. 故障模式下的中央联动功能

当主要系统设备出现重大故障，影响地铁系统的安全运行或危及设备、人身安全时，综合监控系统自动进入故障模式，OCC 大屏幕发出进入故障模式的消息，报警体系在 OCC 和各车站车控室提醒操作员进入故障模式，各有关系统也将协调互动。

4. 维护模式下的中央联动功能

正常情况下，维修调度员负责掌握各业务台监控范围内相关运行设备的运行技术状态信息，建立设备台账管理系统，组织制定综合维修计划和措施，并向相关业务台提供设备维修计划，做好维护管理工作，组织指挥定期或临时的现场设备的维修工作。

当列车运行结束后，如要进行隧道结构、线路、接触网等重要系统的维护时，综合监控系统进入维护模式，各有关系统也将协调互动。

5. 异常情况下的维调功能

当火灾发生或阻塞发生时，维修调度员配合灾害指挥台，参与灾害、事故救援等工作，了解现场设备的运行状态，掌握灾后的设备运行情况，根据实际情况制定维修计划和措施。

7.3 系统接口方案

接口管理是轨道交通建设工程中的一项重要工作，系统接口涉及专业多，关系复杂，有赖于各专业人员、各系统的相互配合。完整的接口方案是指导、检查和验证系统设计的完整性、安全性、可靠性、合理性和经济性的重要文件，也是选择土建工程方案和确定系统方案的重要依据。

天津地铁 6 号线 ISCS 主体系统集成互联的子系统包括环境与设备监控系统(BAS)、闭路电视(CCTV)系统、广播(PA)系统、电力监控(PSCADA)系统、乘客信息(PIS)系统、火灾自动报警(FAS)系统、屏蔽门(PSD)系统、防淹门(FG)系统、自动售检票(AFC)系统、门禁系统(ACS)、列车自动监控(ATS)系统、通信(TX)系统及电扶梯(DFT)系统。ISCS 与相关系统的接口主要是串行数据接口、局域网数据接口和硬线接口。

7.3.1 ISCS 与 BAS 接口

环境与设备监控系统(Building Automation System，简称 BAS)与 ISCS 共有两个物理接口，ISCS 与 BAS 的接口示意图如图 7-6 所示。其中 ISCS. BAS. 1 为综合后备盘(IBP)与 BAS 系统的硬线接口，ISCS. BAS. 2 为 ISCS 系统与 BAS 系统的通信接口。

ISCS. BAS. 1 是 BAS 与 IBP 盘在各车站的接口，BAS 通过此接口接收来自 ISCS 的 IBP 控制，实现 BAS 紧急后备控制。

BAS 系统通过 ISCS. BAS. 2 冗余的以太网接口接入车站级 ISCS，通过前端处理器 FEP 采集数据，采用标准的 Ethernet/IP 协议通信。BAS 通过此接口将车站、车辆段被控设备运行状态、报警信号及测试点数据及时送至 ISCS，并接收中央级 ISCS 和车站级 ISCS 下达的各种监控指令。

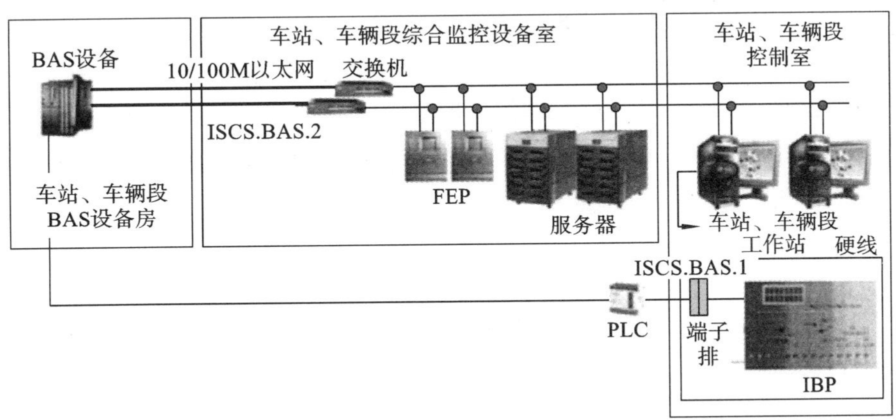

图7-6　ISCS与BAS的接口示意图

7.3.2　ISCS与CCTV系统接口

闭路电视(Closed Circuit Television,简称CCTV)系统与ISCS系统共有两个物理接口,ISCS与CCTV的接口示意图如图7-7所示。其中ISCS.CCTV.1为大屏(OPS)与CCTV系统的视频接口,ISCS.CCTV.2为ISCS与CCTV系统的通信接口。

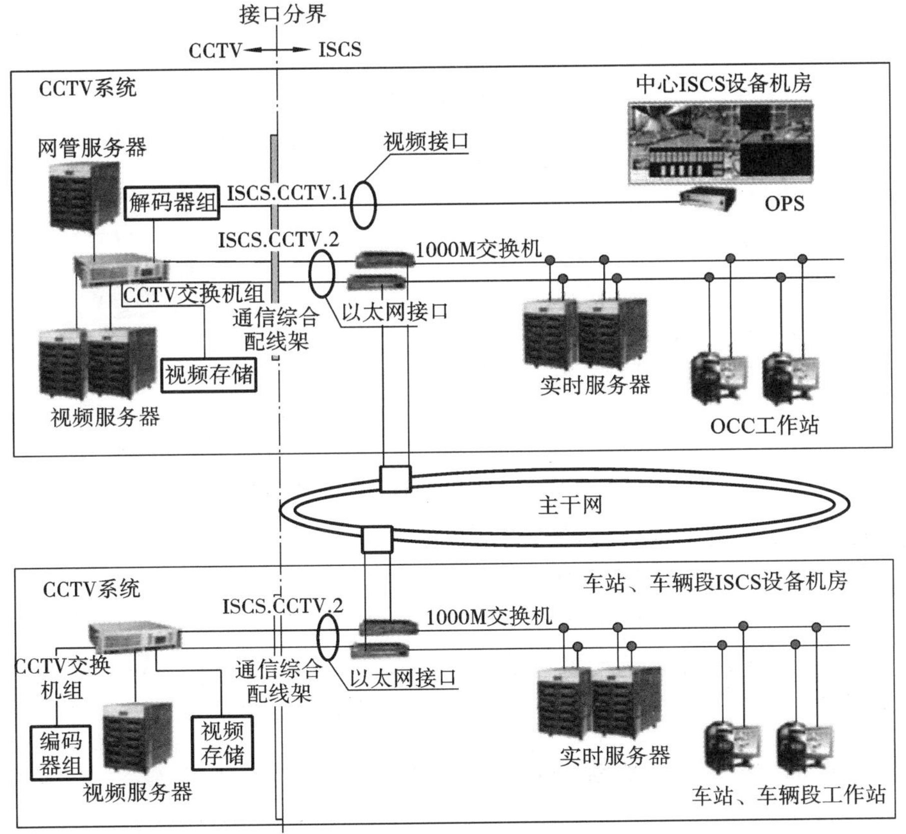

图7-7　ISCS与CCTV系统的接口示意图

ISCS.CCTV.1是CCTV与OPS在控制中心的接口,CCTV系统通过此接口为ISCS

的 OPS 提供经视频解码器还原的模拟图像(包括车站、车辆段 CCTV 图像)。

CCTV 系统通过 ISCS. CCTV. 2 冗余的以太网接口接入中央级及车站级 ISCS,通过服务器采集处理数据,CCTV 系统通过此接口上传 CCTV 设备状态监视和故障报警信息,并接收 ISCS 的控制信息。对于控制信息采用 PELCO 协议,对于设备状态监视和故障报警信息采用标准的 MODBUS TCP/IP 协议。

7.3.3 ISCS 与 PA 系统接口

广播(Public Address,简称 PA)系统与 ISCS 共有两个物理接口,ISCS 与 PA 的接口示意图如图 7-8 所示。其中 ISCS. PA. 1 为 ISCS 与 PA 系统在各车站、车辆段的通信接口,ISCS. PA. 2 为 ISCS 与 PA 系统在控制中心的通信接口。

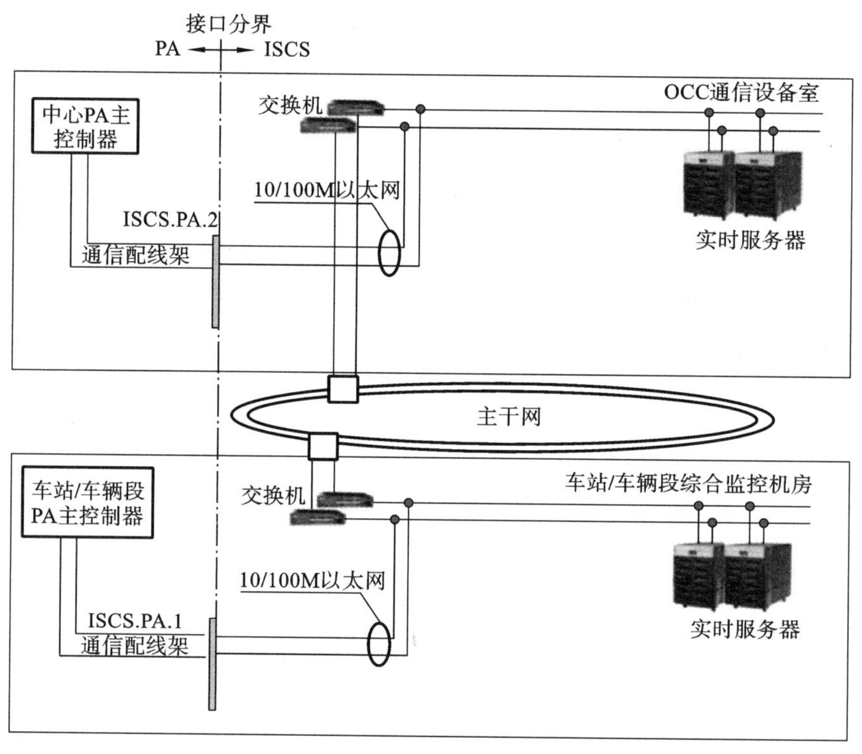

图 7-8 ISCS 与 PA 系统的接口示意图

PA 系统通过 ISCS. PA. 1 冗余的以太网接口接入车站级 ISCS,通过服务器采集处理数据。PA 系统通过此接口在车站/车辆段进行本地广播,并上传本站/车辆段广播设备状态等信息至 ISCS。依据标准的 MODBUS TCP/IP 协议,PA 系统通过 ISCS. PA. 2 冗余的以太网接口接入中央级 ISCS,通过服务器采集处理数据,并通过此接口上传控制中心广播设备的运行状态,控制中心可对全线各车站/车辆段广播(含列车信息广播)、对时等。

7.3.4 ISCS 与 PSCADA 系统接口

电力监控(Power Supervisory Control And Data Acquisition,简称 PSCADA)系统与 ISCS 共有一个物理接口,ISCS 与 PSCADA 系统的接口示意图如图 7-9 所示。

ISCS. PSCADA. 1 为 ISCS 与 PSCADA 系统在控制中心、各车站、车辆段的通信接口。

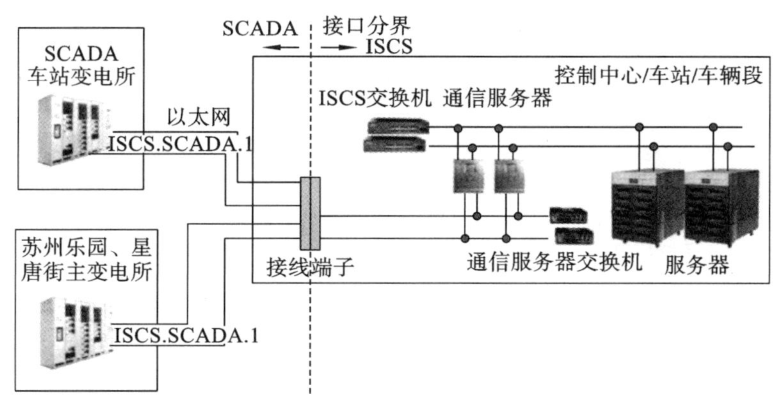

图 7-9　ISCS 与 PSCADA 系统的接口示意图

PSCADA 系统通过 ISCS. PSCADA. 1 冗余的以太网接口接入中央级及车站级 ISCS，通过前端处理器 FEP 采集数据，PSCADA 系统通过此接口在控制中心/车站/车辆段上传本地电力设备状态/报警信息至 ISCS，并接受 ISCS 的遥控指令，采用基于 TCP/IP 的 IEC60870. 5. 1 04 标准协议。

7. 3. 5　ISCS 与 FAS 接口

火灾自动报警系统(Fire Alarm System，简称 FAS)与 ISCS 系统共有三个物理接口，ISCS 与 FAS 的接口示意图如图 7-10 所示。其中，ISCS. FAS. 1 为 ISCS 与 FAS 在控制中心的通信接口，ISCS. FAS. 2 为 ISCS 与 FAS 在科文博览中心站的通信接口，ISCS. FAS. 3 为 OPS 与 FAS 的视频接口。

FAS 通过 ISCS. FAS. 1 冗余的以太网接口接入中央级 ISCS，通过前端处理器 FEP 采集数据，FAS 通过此接口上传全线及控制中心大楼 FAS 设备状态和故障报警信息，采用标准的 MODBUS TCP/IP 协议。

FAS 通过 ISCS. FAS. 2 单网接入科文博览中心 ISCS，通过前端处理器 FEP 采集数据，FAS 通过此接口上传 FAS 感温光纤状态和故障报警信息至 ISCS，采用标准的 MODBUS TCP/IP 协议。

ISCS. FAS. 3 是 FAS 与 OPS 在控制中心的接口，FAS 系统通过此接口在 ISCS 大屏幕上同步显示 FAS 工作站图文界面。

在综合监控系统的人机界面(HMI)上，ISCS 只显示 FAS 设备状态及报警信息等，不对 FAS 进行控制。

7. 3. 6　ISCS 与 PSD 系统接口

屏蔽门(Platform Screen Door，简称 PSD)系统与 ISCS 共有两个物理接口，ISCS 与 PSD 的接口示意图如图 7-11 所示。其中，ISCS. PSD. 1 为 ISCS 与 PSD 系统在各车站的通信接口，ISCS. PSD. 2 为 ISCS 的 IBP 盘与 PSD 系统在各车站的硬线接口。

PSD 系统通过 ISCS. PSD. 1 冗余的以太网接口接入车站级 ISCS，通过前端处理器 FEP 采集数据，PSD 系统通过此接口上传本站 PSD 设备状态和故障报警信息，采用标准的 MODBUS TCP/IP 协议。

ISCS. PSD. 2 是 PSD 与 IBP 盘在各车站的接口，PSD 系统通过此接口接收来自 ISCS

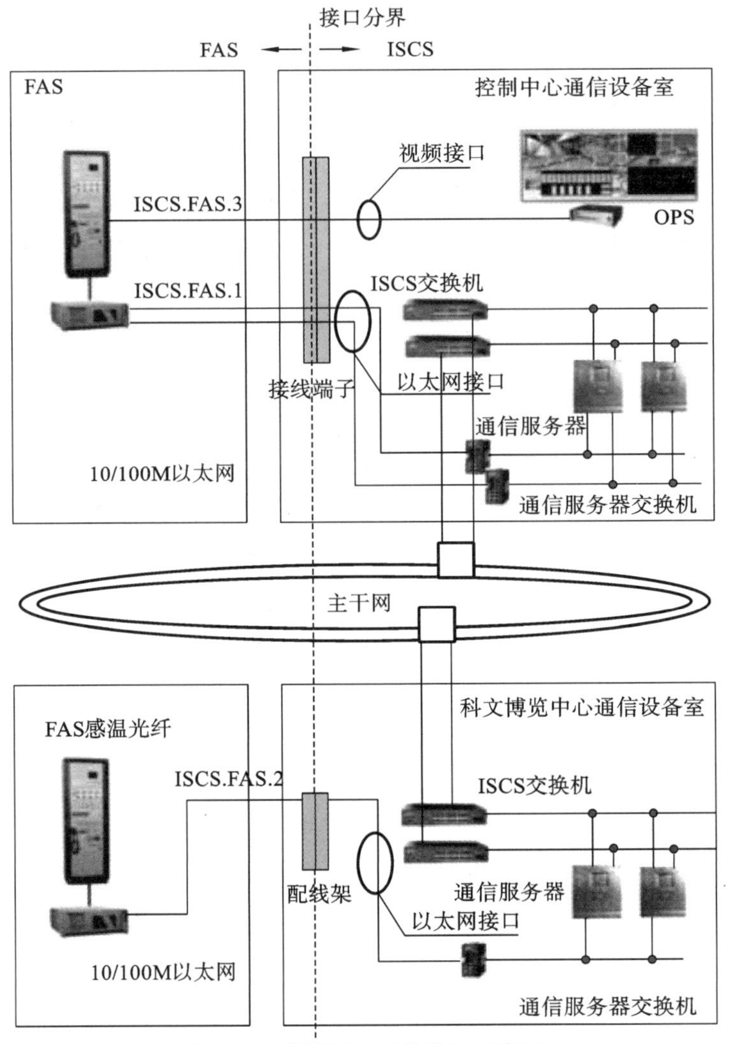

图 7-10 ISCS 与 FAS 接口示意图

的 IBP 控制进行 PSD 开关门操作。

在综合监控系统的人机界面上,ISCS 只显示 PSD 系统设备状态及报警信息等,不对 PSD 系统进行控制。

7.3.7 ISCS 与 FG 系统接口

防淹门(Flood Gate,简称 FG)系统与 ISCS 共有两个物理接口,ISCS 与 FG 系统的接口示意图如图 7-12 所示。其中,ISCS. FG. 1 为 ISCS 与 FG 系统在各车站的通信接口,ISCS. FG. 2 为 ISCS 的 IBP 盘与 FG 系统在各车站的硬线接口。

FG 系统通过 ISCS. FG. 1 冗余的以太网接口接入车站级 ISCS,通过前端处理器 FEP 采集数据,FG 系统通过此接口上传本站 FG 设备状态和故障报警信息,采用标准的 MODBUS TCP/IP 协议。

ISCS. FG. 2 是 FG 系统与 IBP 盘在各车站的接口,FG 系统通过此接口接收来自 ISCS 的 IBP 控制,进行 FG 系统的开关门操作。

在综合监控系统的人机界面上,ISCS 只显示 FG 系统设备状态及报警信息等,不对 FG

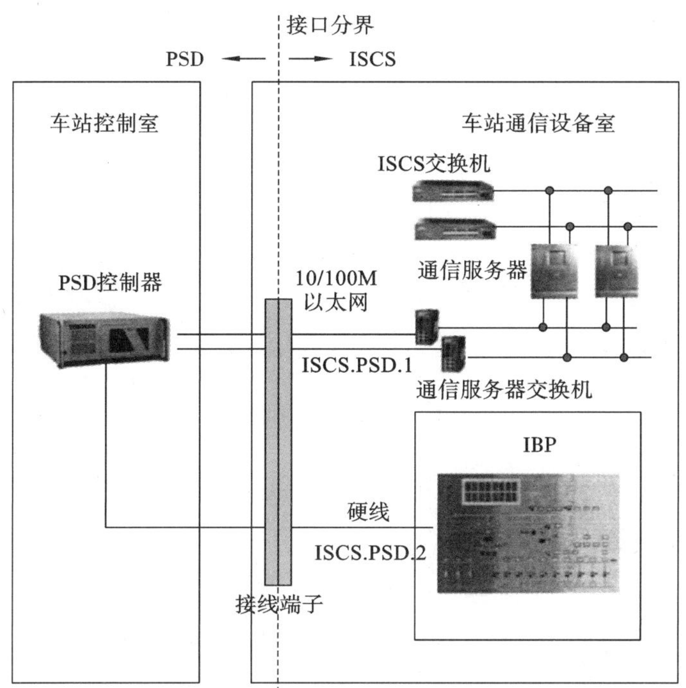

图 7-11　ISCS 与 PSD 系统接口示意图

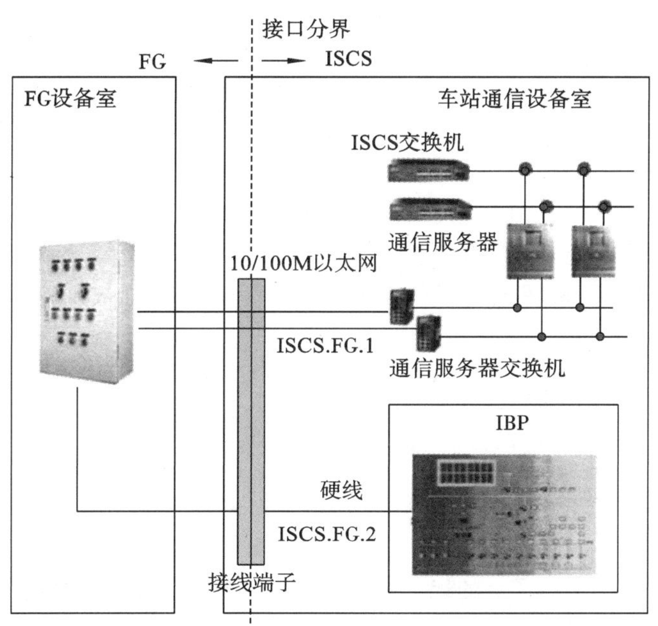

图 7-12　ISCS 与 FG 系统接口示意图

系统进行控制。

7.3.8　ISCS 与 AFC 系统接口

自动售检票(Automatic Fare Collection，简称 AFC)系统与 ISCS 共有两个物理接口，ISCS 与 AFC 系统的接口示意图如图 7-13 所示。其中，ISCS. AFC. 1 为 ISCS 与 AFC 系统

在控制中心的通信接口,ISCS. AFC. 2 为 ISCS 的 IBP 盘与 AFC 系统在各车站的硬线接口。

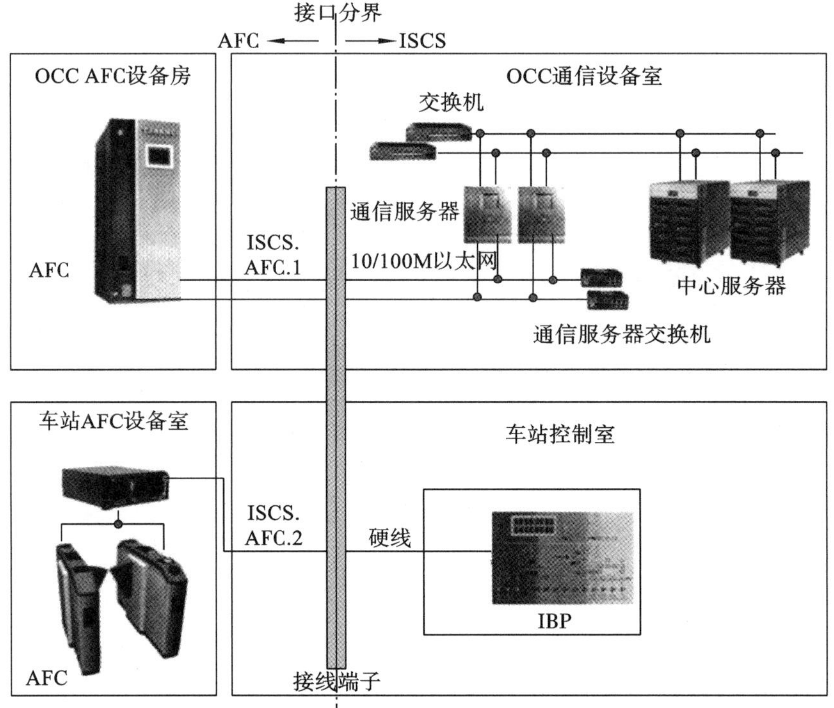

图 7-13 ISCS 与 AFC 系统接口示意图

AFC 系统通过 ISCS. AFC. 1 冗余的以太网接口接入中央级 ISCS,通过前端处理器 FEP 采集数据,AFC 系统通过此接口上传全线 AFC 设备状态和故障报警信息,采用标准的 MODBUS TCP/IP 协议。

ISCS. AFC. 2 是 AFC 与 IBP 盘在各车站的接口,AFC 系统通过此接口接收来自 ISCS 系统的 IBP 控制,实现 AFC 闸机的紧急释放控制。

在综合监控系统的人机界面上,ISCS 只显示 AFC 系统设备状态及报警信息等,不对 AFC 系统进行控制。

7.3.9 ISCS 与 ACS 接口

门禁系统(Access Control System,简称 ACS)与 ISCS 共有两个物理接口,ISCS 与 ACS 的接口示意图如图 7-14 所示。其中,ISCS. ACS. 1 为 ISCS 与 ACS 在控制中心的通信接口,ISCS. ACS. 2 为 ISCS 的 IBP 盘与 ACS 在各车站的硬线接口。

ACS 通过 ISCS. ACS. 1 冗余的以太网接口接入中央级 ISCS,通过前端处理器 FEP 采集数据,ACS 通过此接口上传全线 ACS 设备状态和故障报警信息,采用标准的 MODBUS TCP/IP 协议。

ISCS. ACS. 2 是 ACS 与 IBP 盘在各车站的接口,ACS 通过此接口接收来自 ISCS 的 IBP 控制,实现 ACS 门锁的紧急断电释放控制。

在综合监控系统的人机界面上,ISCS 只显示 ACS 设备状态及报警信息等,不对 ACS 进行控制。

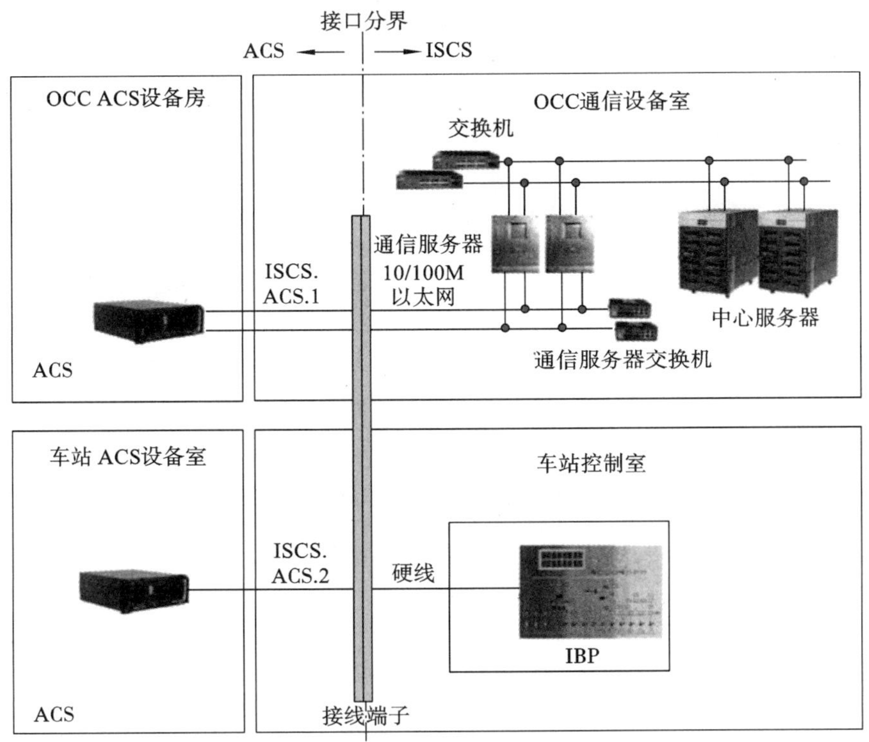

图 7-14　ISCS 与 ACS 接口示意图

7.3.10　ISCS 与 ATS 系统接口

列车自动监控(Automatic Train Supervision,简称 ATS)系统与 ISCS 共有三个物理接口,ISCS 与 ATS 系统的接口示意图如图 7-15 所示。其中,ISCS. ATS. 1 为 ISCS 的 OPS 与 ATS 系统在控制中心的通信接口,ISCS. ATS. 2 为 ISCS 与 ATS 系统在控制中心的通信接口,ISCS. ATS. 3 为 ISCS 的 IBP 盘与 ATS 系统在各车站的硬线接口。

ISCS. ATS. 1 是 ATS 系统与 OPS 在控制中心的接口,ATS 系统通过此通信接口在 ISCS 大屏幕上同步显示 ATS 系统轨道概览图,采用标准的 UNIX 协议。

ATS 系统通过 ISCS. ATS. 2 冗余的以太网接口接入中央级 ISCS,通过服务器采集数据,ATS 系统通过此接口上传全线 ATS 设备状态信息及 ATS 列车信息至 ISCS,采用标准的 MODBUS TCP/IP 协议。

ISCS. ATS. 3 是 ATS 系统与 IBP 盘在各车站的接口,ATS 系统通过此接口接收来自 ISCS 的 IBP 控制,实现 ATS 系统的紧急停车等控制。

在综合监控系统的人机界面上,ISCS 只显示 ATS 系统信息,不对 ATS 系统进行控制。

7.3.11　ISCS 与 TX 系统接口

通信(简称 TX)系统与 ISCS 共有三个物理接口,ISCS 与 TX 系统的接口示意图如图 7-16所示。其中,ISCS. TX. 1 是 TX 系统为 ISCS 全线提供传输通道的以太网接口,ISCS. TX. 2 为 ISCS 与 TX 系统在控制中心的电源接口,ISCS. TX. 3 为 ISCS 与 TX 系统时钟对时通信接口。

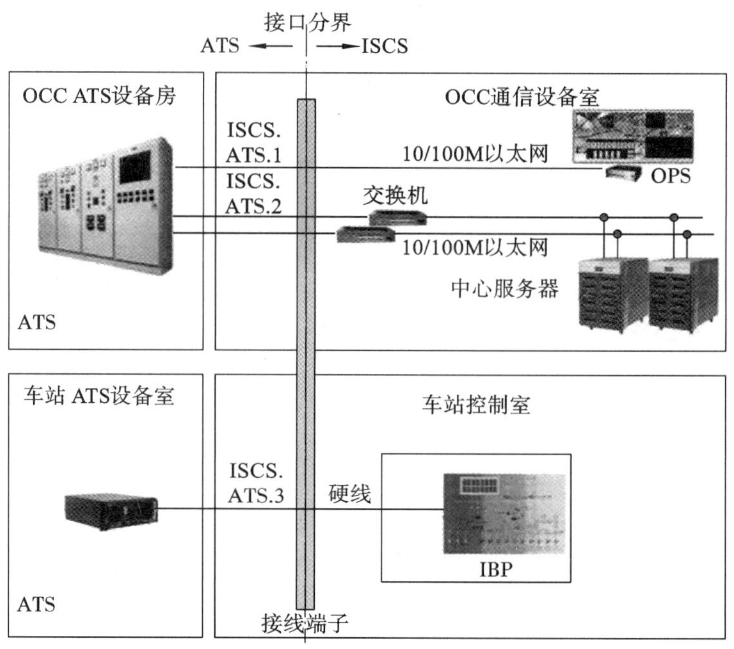

图 7-15 ISCS 与 ATS 系统接口示意图

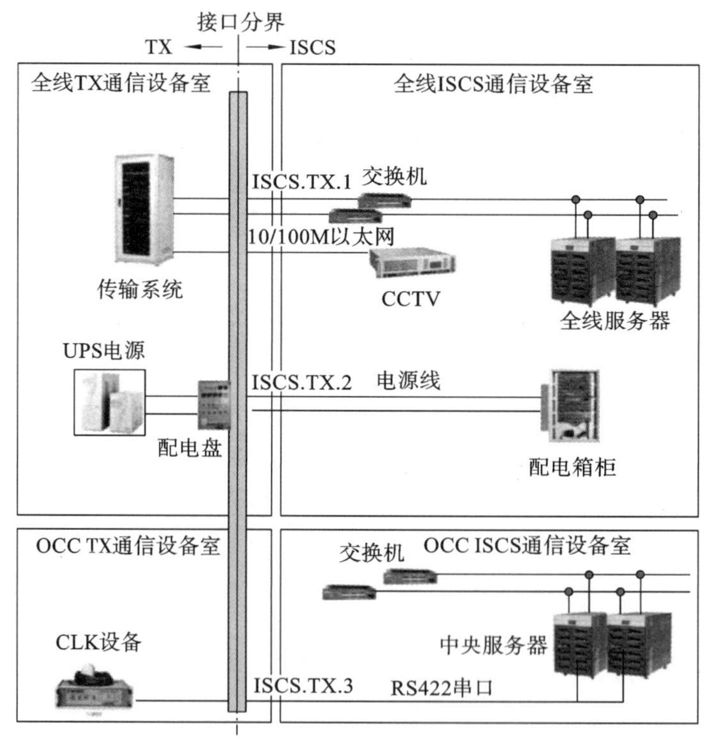

图 7-16 ISCS 与 TX 系统接口示意图

TX 系统通过 ISCS. TX. 1 为 ISCS 提供通信传输通道。每处提供一个独立的1000 M以太网接口供给 CCTV 系统，两个 100 M 以太网接口供给 ISCS 主体系统，总有效带宽为 600 M。

TX 系统通过 ISCS. TX. 2 为 ISCS 全线提供 UPS 电源。

ISCS. TX. 3 是 TX 系统与 ISCS 时钟对时通信接口，物理接口为 RS422 串行通信接口，ISCS 通过此接口与 TX 系统进行对时，接口协议采用 TX 系统专业私有协议。

7.3.12　ISCS 与 DFT 系统接口

电扶梯(简称 DFT)系统与 ISCS 共有一个物理接口，ISCS 与 DFT 系统的接口示意图如图7-17所示。ISCS. DFT. 1 为 ISCS 的 IBP 盘与 DFT 系统在各车站的硬线接口。

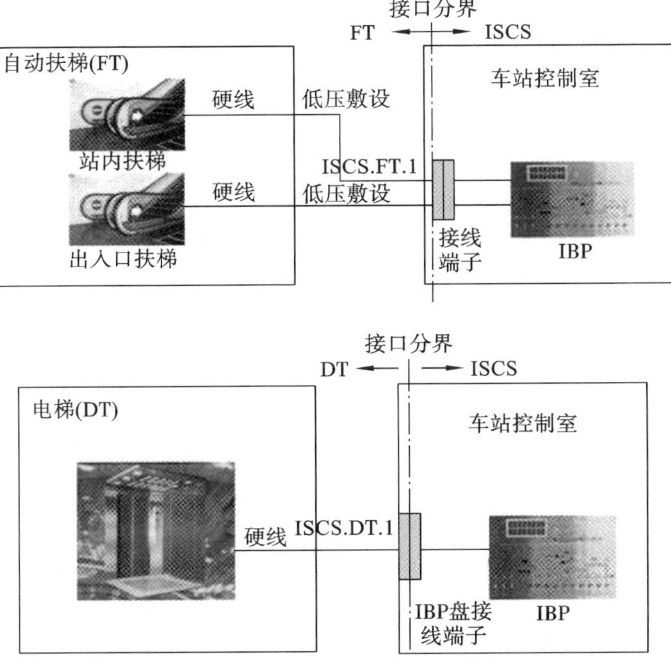

图 7-17　ISCS 与 DFT 系统接口示意图

ISCS. DFT. 1 是 DFT 系统与 IBP 盘在各车站的接口，DFT 系统通过此接口接收来自 ISCS 的 IBP 控制对电梯和自动扶梯进行手动控制。

7.4　研究点和创新点

综合监控系统从集成范围来划分，可分为完全集成、准集成和部分集成。从集成深度来划分，综合监控系统包括现场层集成——完全集成(深度集成)、执行层集成——准集成、管理层集成——表层集成(顶层集成)三个集成深度方案。

从综合监控系统的建设情况看，个别专业(如信号、自动售检票 AFC 等)目前尚不适合纳入综合监控系统中。地铁信号系统是地铁的主专业，目前，我国地铁信号专业采用的系统技术主要是从国外进口，通信协议不完全开放，软件严格保密。此外，信号系统应保证行车安全，按计算机控制系统形态分析，属于一个安全系统。因此，信号系统应独立运行，不允许受到其他系统过多的干扰，且不允许接入非安全系统影响运营安全。因而地铁信号系统只宜与地铁信息平台进行互联，交换相关信息。

地铁自动售检票(AFC)系统,涉及票务管理和财务管理。票务数据和财务数据均需要安全、相对独立地采集和传输以提高安全性。因此,AFC 系统在与其他系统进行信息互通和资源共享时,具有一定的局限性,对 AFC 系统只宜采取有限的信息互联和数据共享。

火灾自动报警系统(FAS)是一个行业管理严格,须完全按当地消防部门要求进行建设的系统。从目前的技术水平来看,火灾自动报警系统是完全可以集成到综合监控系统中的,但必须按照当地环境条件进行设计,不允许集成时,应按照互联方式进行设计。

1. 方案演化

各大城市综合监控系统方案演化见表 7-1。

表 7-1　各大城市综合监控系统方案演化

	北京	上海	天津	杭州
初级阶段	集成 SCADA、BAS 两大系统,FAS 采用互联做法,互联其余众多系统,尝试采用国产化软件平台	不设综合监控	集成 SCADA、BAS、FAS 三大系统,互联其余众多系统,采用国外软件平台	集成 SCADA、BAS、FAS、ACS,尝试集成视频监视系统,采用国外软件平台
发展阶段	集成 SCADA、BAS 两大系统,FAS 采用互联做法,互联系统增多,广泛采用国产化软件平台,创建了一系列的综合监控系统接口规范和人机界面规范	尝试设置了综合监控系统,集成 SCADA、BAS、FAS 三大系统,互联其余众多系统,采用国外及国产软件平台	集成 SCADA、BAS、FAS 三大系统基础上,互联系统增加,具有节能功能,采用国产软件平台;制定了综合监控系统的设计规范和验收规范,并推广到全国	集成 SCADA、BAS、FAS、ACS,尝试集成车载视频监视系统和车辆状态管理系统,采用国产化软件平台
成熟阶段	为适应全自动驾驶的功能,采用了集成 ATS 的综合监控系统(综合行车自动化系统),创建了综合监控集成 ATS 新的里程碑	由于综合监控系统影响了运营习惯,运营没有享受到设置综合监控系统的便利性,后续线路不设综合监控系统	集成 SCADA、BAS、FAS、ACS,尝试集成感温光纤、CCTV、PIS 等系统,推广软件平台	尝试采用基于云技术的综合监控系统平台,集成范围进一步扩大,广泛采用国产化软件平台

2. 集成技术

各大城市轨道交通线路综合监控系统集成/互联组合模式如图 7-18 所示。

(1) 国产化软件平台:天津 6 号线金钟河大街车站采用了自主化国产软件平台。天津地铁 6 号线综合监控系统集成/互联模式如图 7-19 所示。

(2) IBP 盘作为“紧急情况下”或“在车站相关监控系统人机界面故障造成无法通过监控系统人机界面对重要被控设备进行监控操作时”的紧急后备操作手段,主要实现对环境与设备监控系统(BAS)、门禁系统(ACS)、自动售检票(AFC)系统、列车自动监控(ATS)系统、屏

线路＼系统	ATS	PSCADA	BAS	FAS	PSD	FG	ACS	DTS	AFC	CCTV	PA	PIS	CLK	ALARM	TETRA	TCC
广州3/4号线	互联	集成	集成	集成	集成	集成	—	—	互联	互联	互联	互联	互联	互联	—	—
广州5/6号线	互联	集成	集成	集成	集成	集成	互联	—	互联	互联	互联	互联	互联	互联	—	预留
广州APM线	互联	集成	集成	集成	集成	集成	互联	—	互联	互联	互联	互联	互联	互联	—	—
深圳1/2/3号线	互联	集成	集成	互联	集成	—	—	集成	互联	互联	互联	互联	互联	互联	互联	预留
北京5/10号线	互联	集成	集成	互联	集成	集成	—	—	互联	互联	互联	互联	互联	互联	互联	联接
北京机场线	互联	集成	集成	互联	集成	集成	互联	—	互联	互联	互联	互联	互联	互联	互联	联接
北京6号线	集成	集成	集成	互联	集成	集成	互联	—	互联	互联	互联	互联	互联	互联	—	—
上海7/10号线	互联	集成	集成	集成	集成	集成			互联	互联	互联	互联	互联	互联	—	联接
西安1/2号线	互联	集成	集成	集成	集成	集成	互联	—	互联	互联	互联	互联	互联	互联	—	预留
杭州1/2号线	互联	集成	集成	集成	集成	集成	集成	集成	互联	互联	互联	互联	互联	互联	—	预留
成都1/2/4号线	互联	集成	集成	集成	集成	集成	互联	集成	互联	互联	互联	互联	互联	互联	互联	预留
南昌1号线	互联	集成	集成	集成	集成	集成	互联	集成	互联	互联	互联	互联	互联	互联	互联	预留
长沙1/2号线	互联	集成	集成	集成	集成	集成	互联	集成	互联	互联	互联	互联	互联	互联	互联	预留

图 7-18　各大城市轨道交通线路综合监控系统集成/互联组合模式图

蔽门(PSD)系统重要被控设备的后备紧急控制及设备状态指示。

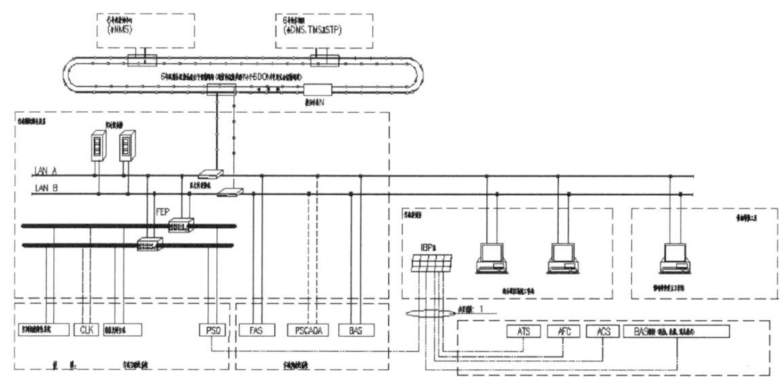

图 7-19　天津地铁 6 号线综合监控系统集成/互联组合模式图

7.5　综合监控系统施工方案

1. 综合监控系统专业概况

综合监控系统主要由位于控制中心的中央级综合监控系统(CISCS)和网络管理系统(NMS),位于车站、车辆段的车站级综合监控系统(SISCS),位于车辆段的培训管理系统(TMS)、维修管理系统(MMS)及软件测试平台(STP)等几部分组成。通过综合监控系统全线主干网(MBN),把车站、车辆段与控制中心的中央级综合监控系统连接到一起,形成一个有机的整体。

2. 施工流程

根据本工程的特点和总体安排的要求,本系统总体施工流程如图 7-20 所示。

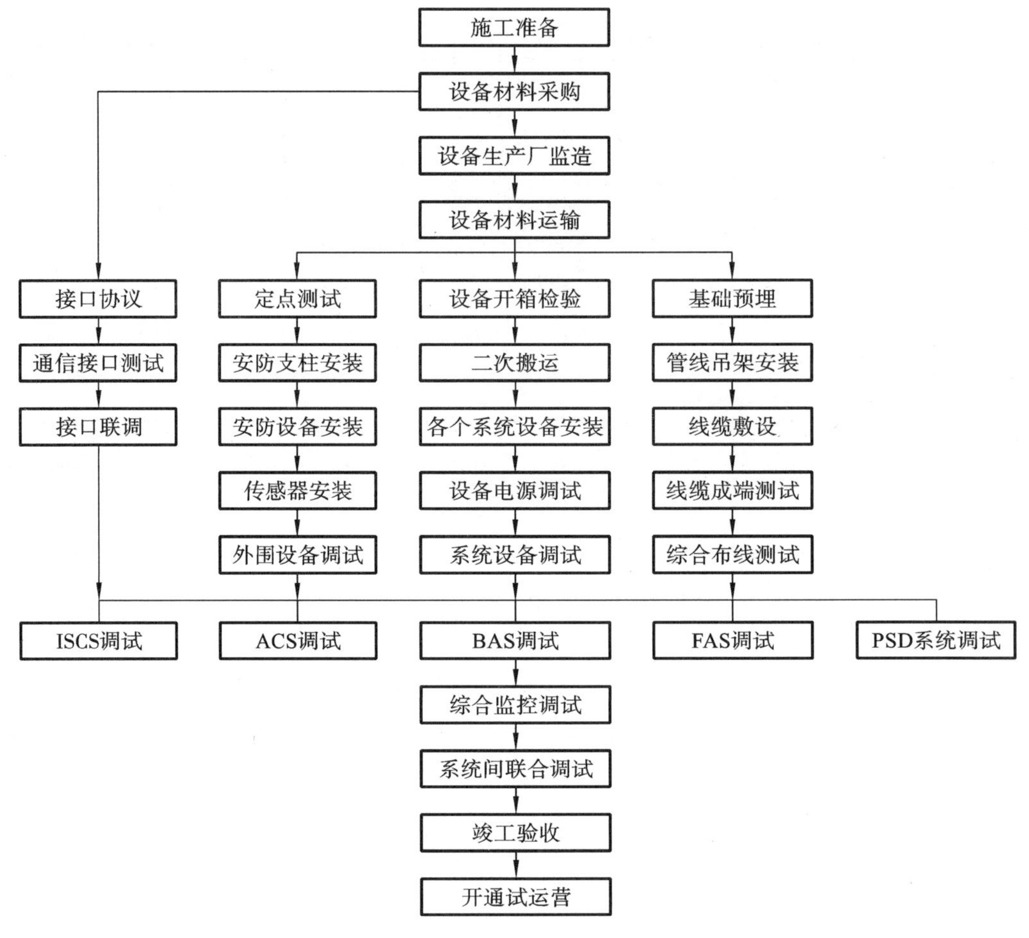

图 7-20　综合监控系统施工流程图

3. 施工要点及方法

综合监控系统施工要点及方法详见表 7-2。

表 7-2　综合监控系统施工要点及方法

序号	施工工序	施工要点及方法	示意图
1	施工准备	核对施工设计图纸和相关文件,对作业人员进行技术培训; 检查现场条件是否符合施工要求; 施工机具准备	
2	管、槽、桥架安装	根据施工图纸确定缆线防护管、槽安装位置,并测量管、槽安装长度;确定出线盒、过线盒的数量;按照设计要求及国家规范进行安装(管、槽、桥架可按照设计要求及规范与其他系统共用)	

续表

序号	施工工序	施工要点及方法	示意图
3	机房及系统设备安装	机柜、IBP 盘台设备安装：将机柜、IBP 盘台等设备装入底座，调整设备的水平、垂直角度直到符合要求，拧紧螺帽固定设备； 系统设备安装：包括摄像机、探测器、服务器、工作站、交换机、FEP、打印机、UPS 等设备安装； 柜体和 IBP 盘台的上方不能敷设管道，屏底座周围采取封闭措施； 引进机柜内或 IBP 盘台内的电缆固定牢靠，电缆按设计要求挂牌，挂牌为永久性标志	 
4	系统调试	单体调试阶段：组织三个调试小组，包括控制中心调试组、通道测试组、车站调试组；三个小组同时开始调试工作； 系统调试阶段：分控制中心组和车站组两个调试小组，车站组在控制中心组的安排下进行车站的具体调试与配合工作	

第8章　环境与设备监控系统

8.1　系统的设置和功能

8.1.1　系统的设置原则

环境与设备监控系统(BAS)在设计上既要借鉴国内外轨道交通设计和运行的经验,又应充分考虑其先进性、安全性、实用性、可扩充性和可升级性。

(1) 先进性:采用与技术发展潮流相吻合的系统方案和产品,建立一个可扩展的平台,以保护前期工程和后续先进技术的衔接,使系统具有先进性。

(2) 安全性:BAS运行的安全性除符合相关的安全标准、结合行业特点外,还体现在信息传输及使用过程中不丢失、不易窃取或截获。因此要设置严格的网络等级操作权限和不同对象的查询范围,防止非善意的访问和恶意破坏网络。

(3) 实用性:以实用性为原则,采用合理的设计方案,并充分考虑超前性和可扩展性相结合,使系统的性价比达到最优,从而节省前期投资。

(4) 可扩展性:智能化进程中技术在不断发展,用户需求标准将越来越高,因而BAS系统的设计和施工应充分考虑将来其他地铁线扩展的需要,预留相关接口。

(5) 开放性:集成后的系统为一个开放性系统,应提供标准数据接口、网络接口、系统和应用软件接口。

(6) 模块化:系统要严格按照模块化结构方式开发,以满足通用性和可替换性。采用模块化设计、分布实施的战略。

(7) 互连性:BAS的互连性体现在各类机电设备、各类控制设备等子网的配置上,子网之间互连采用标准的通信协议。

(8) 可管理性:集成系统是一个网络,随着网络规模扩大,网络管理十分重要。

(9) 可靠性:提供可靠性和容错性高的系统,使系统能不间断正常运行,采取有效措施,防治系统的故障,以确保系统在发生任何故障和突发事件时仍正常工作。

8.1.2　系统的基本框架

随着科学技术的不断发展,地铁的复杂性也在不断提高,设备种类也越来越多,需要监控的环境和设备的范围也在不断地扩大。由于独立的自动化监控系统存在着一些缺陷,因此,提出了地铁的综合自动化监控系统,即把各个独立的监控子系统(如环境监控系统、电力监控系统、设备监控系统以及行车调度监控系统等)都集成在一个统一的网络平台上,实现了资源共享、各个控制和集中管理,建立一个集自动化、网络、通信、信息系统等领域于一体的地铁综合监控系统。

环境与设备监控系统(简称BAS)与电力监控系统(简称PSCADA系统)、火灾自动报警系统(简称FAS)等监控子系统深度集成在综合监控系统(简称ISCS)中,并作为ISCS内部的子系统。综合监控系统采用分层分布式体系结构，通过与 BAS 的接口连接实现对 BAS 的接入。BAS 整体采用分级、分布式的结构系统，设置控制中心和车站两级管理(控制中心集中管理为主控级，车站分散控制为分控级)，从而实现中心、车站、就地三级控制。BAS 组成及管理运行流程如下：中央监控管理级——车站监控管理级——现场控制级(监控模块)——受控设备。系统的基本框架如图 8-1 所示。

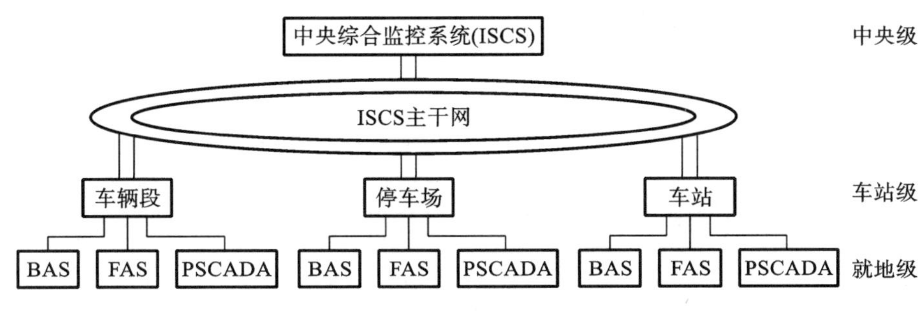

图 8-1　BAS 基本框架图

中央级 BAS 集成于 ISCS，是 ISCS 内部的子系统，也是中央控制中心 OCC 的调度工作站，其功能由 ISCS 完成。

车站级综合监控系统(简称 SISCS)的内部子系统 BAS 主要由主控制器(冗余 PLC)、远程 I/O(RI/O)、现场总线、接口模块和各类传感器等设备组成。控制器对采集的数据进行处理和逻辑运算，以实现系统对设备的监控功能。I/O 接口的主要功能是数据的采集与通信，一般不具备处理逻辑运算的功能。

在车辆段，BAS 根据服务对象的不同，划分为车辆段 BAS 和综合楼 BAS。车辆段 BAS 及综合楼 BAS 都是综合监控系统(简称 DISCS)的集成子系统。BAS 现场级监控网络主要由控制器、I/O 接口、现场总线、通信控制器、控制电缆等组成，通过控制电缆连接监控接口，实现对车辆段及综合楼内的设备及环境的监控。

8.1.3　系统的结构和构成

BAS 是一个系统工程，由许多专业学科交叉并结合形成，涉及各个专业知识，并且广泛应用于城市轨道交通系统中。BAS 具有专业面广、结构复杂、技术含量高的特点，并且涉及的信息数据量巨大，针对大数据采集、处理、整合的解决方案是确保城市轨道交通系统稳定、安全、准确、有效运行不可缺少的重要组成部分。

《地铁设计规范》(GB50157-2013)中正式将该系统命名为“BAS，环境与设备监控系统”，并将其定义为“对地铁建筑物内的环境与空气条件、通风、给排水、照明、乘客导向、自动扶梯及电梯、屏蔽门、防淹门等建筑设备和系统进行集中监视、控制和管理的系统”。BAS 的主要用户是在城市轨道交通建设和运营中，对车站和线路上的所有机电设备采用集中监控方式进行管理的地铁、轻轨、有轨电车等建设和运营公司。BAS 满足楼宇自动化控制系统的需求，广泛应用于大中型楼宇自动化控制系统中，实现对楼宇中机电设备的自动化控制。BAS 的组成包括 OCC 中心 BAS、车辆段 BAS 和车站 BAS。完整的 BAS 功能系统是一个以 Ethernet/IP 为基础的、地理上分散的、分层分布式系统结构的大型监控、实时、历史数据系统。

1. 中央级监控系统

中央级监控系统主要位于 OCC，由中央实时服务器、中央历史服务器、操作员工作站、工程师工作站、打印设备、网络设备、大屏幕或模拟显示设备等计算机及网络硬件构成。软件则包括操作系统、大型数据库、系统应用软件、应用软件开发与维护平台、网管软件其他辅助软件等。

2. 车站级监控系统

车站级监控系统位于车站，以车站监控工作站、PLC 控制为基础，具体包括车站监控局域网、打印机、后备操作盘等设备。

3. 现场控制级设备

现场控制级设备位于车站各就地监控点或数据采集点，包括各类传感器、执行器、远程 I/O 模块、接口模块或装置等。

BAS 在横向呈现分布式的集散型结构，包括以下两个方面。第一，各个车站的 BAS 因为车站沿城市轨道交通线路呈地理上分布式结构，因此整个 BAS 也是以车站 BAS 为单位的地理上分散的 SCADA 系统；第二，根据设计规范的要求，车站 BAS 由多个控制器和统一的监控设备构成一个集散型系统(DCS)。

4. 接口及数据处理系统

接口及数据处理系统的软件结构包括数据结构层、数据处理层和人机接口层，主要用于管理和处理各种数据、接口控制以及提供信息显示和操作界面。

BAS 的结构分为有中心功能的结构、无中心功能的结构和混合结构。有中心功能的 BAS 较为传统和经典，是一种完全独立的系统结构；无中心功能的 BAS 是一种不完整的结构形式，这种结构形式的 BAS 是以车站为单位的一个相对独立的系统；混合式 BAS 既要在车站和综合监控系统接口，同时又要通过地铁骨干网形成一个较完整的 BAS。

8.2 系统的范围和功能

8.2.1 控制范围

BAS 的控制范围包括车站空调通风及防排烟系统，区间隧道通风及防排烟系统等环控系统以及轨道交通建筑附属机电设备等。低压配电系统通过智能配电系统(MCC)实现对空调系统的各种风机、环控通风设备、马达保护器、变频器等被监控设备的运行模式和参数信息的集中采集，同时接受 BAS 的控制命令，实现对被控设备的开关控制。BAS 通过智能配电系统或直接监控的对象主要包括隧道通风系统、车站通风空调系统、车站冷冻水系统、给排水系统、自动扶梯、电梯、照明系统、人防门/防淹门等机电系统设备。BAS 控制范围如图 8-2 所示。

(1) 环控系统包括隧道通风系统、车站通风空调系统、车站冷冻水系统。其中，隧道通风系统包括区间隧道通风系统、车站隧道通风系统。区间隧道通风系统包括可逆转 TVF 风机、射流风机、相关风阀。车站隧道通风系统包括双速 UPE/OTE 风机、相关风阀。

车站通风空调系统包括组合式空调机、空调新风机、全新风机、回/排风机(兼排烟风机)、送风机、相关风阀、防火阀、传感器(含温湿度传感器)。

车站冷冻水系统包括车站冷水机组、水泵、二通调节阀、传感器(含压力、流量、温度传感器)、蝶阀、流量开关等。大系统和小系统共用一套冷水系统，由车站螺杆式冷水机组提供冷冻水。

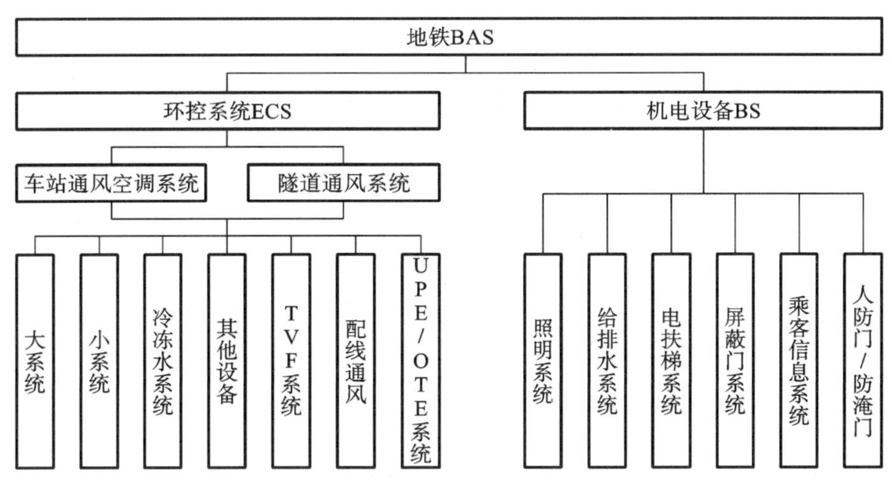

图 8-2 BAS 控制范围

(2) 给排水系统包括给水引入管电动蝶阀、区间给水管电动蝶阀、废水泵(含扶梯集水坑排水泵)、污水泵、雨水泵、区间排水泵等。

(3) 自动扶梯、电梯的监控对象为站台与站厅自动扶梯、电梯、出入口自动扶梯。

(4) 照明系统包括工作照明、广告照明、出入口上盖照明、区间照明、应急照明电源的监控等。

(5) 人防门监控对象为各地下车站人防门的状态。

8.2.2 系统的主要功能

1. 中央控制中心 BAS 的主要功能

(1) 控制功能。

点动控制可以使操作员在操作员工作站上进行单点控制。点动控制应在设备的属性框内操作,所有的操作都应经过认真确认后发出,记录操作过程并提示操作结果。控制中心(OCC)工作站可点动控制所有的车站设备。

模式控制是由子系统和外部系统所执行的顺序控制,通过一个模式号对一个系统的多个设备或设备组进行控制,模式执行的结果反馈给模式控制。模式控制包括正常模式、阻塞模式和火灾模式,其中,阻塞模式和火灾模式属于灾害模式。

时间表控制是根据地铁运行环境及车站其他系统的监控要求预先设置的,系统根据时间自动执行某种模式或控制命令。时间表控制主要包括工作日时间表、周末时间表、特殊日时间表。时间表具有在线编辑、在线下载、在线回读的功能。

设定点是用于修改模拟量的报警阈值。在权限允许下,ISCS 允许操作员登录后在线修改模拟量输入点的报警限值控制优先级。

(2) 监视功能。

ISCS 控制中心(OCC)环调工作站屏幕上显示的内容包括 BAS 以及现场设备的状态。这些状态信息可用文本或静态/动态图形的方式来显示。在环调工作站可显示出车站平面图、车站机电设备系统图、环控模式等;监视全线车站的给排水系统、区间的通风空调系统、配电照明系统、电扶梯等设备;在大屏幕指定区域显示区间隧道风机的工作状态、区间水位状态等;模板级的诊断信息;监视、记录各车站站厅、站台和管理设备用房的温度、湿度等环境参数。

(3) 报警管理。

所有的报警都定义了各自相应的等级，每个报警级根据声音、颜色的不同，其等级也有所区别。ISCS 主要包括以下三类报警级别：紧急报警(第 3 级)、普通报警(第 2 级)、警告信息(第 1 级)。

报警禁止：ISCS 具备报警禁止功能。报警禁止功能可设置为对特定的用户有效，能通过鼠标的点击操作禁止某一报警。

报警显示：通常 ISCS 提供的报警显示报警列表、事件列表、设备故障状态三种形式。事件列表用于按时间记录全部设备的报警和操作员的所有操作。报警列表用于按时间记录全部设备的报警。当设备发生故障报警时，在系统画面或平面图画面的设备图标应有特殊符号或颜色显示。

除此之外，中央监控系统还具有参数设置、设备列表、设备属性框设置、设备标签以及报表功能。

2. 车站 BAS 系统的主要功能

车站系统正常运行时受控于中心主控级，在全线系统网络故障时，具备离网独立工作的能力。

(1) 数据采集与处理功能。

现场设备开启后，控制器应可自动收集到相关监控设备的状态。系统初次启动时，控制器可以自动从 OCC、车控室监控工作站或其他控制系统接收或采集信息。

(2) 监视功能。

与中央车站综合监控 BAS 类似，车站综合监控 BAS 的车站操作员工作站的屏幕的显示内容也包括 BAS 以及现场设备的状态，不过只显示本站的系统及设备信息。

(3) 调节功能。

车站大系统空调设备根据热焓计算和温度进行运行模式的最优化控制，从而达到节能的目的。因此，车站环境与设备监控子系统应具有 PID 控制、智能控制等先进控制功能。控制器可对车站大系统设备进行运行模式的转换，并进行最优化的控制。

(4) 通信功能。

BAS 通过对现场设备的接口设计，实现数据通信的能力，同时将现场设备的运行模式和采集的数据等信息及时、有效地传送给上级，并能够接收来自上级所下达的各种操作指令。

(5) 系统联动。

车站 BAS 的联动功能是 FAS 与 BAS 之间的联动。当灾情发生时，FAS 发出指令，通过接口传送至 BAS，BAS 将相应设备转换为灾情运行模式。

(6) 控制地点显示。

ISCS 软件提供控制地点显示功能，以便环境与设备监控子系统能够处理就地控制、车站控制、IBP 盘控制、OCC 控制等功能。

(7) 自诊断功能。

系统自诊断程序对主要设备和网络进行监视，当系统出现问题时，可将信息及时反馈给综合监控系统。

此外，车站综合监控 BAS 还具备控制功能、报警管理、设备属性框、设备列表、设备标签等功能，与中央综合监控 BAS 的功能基本相同。

3. 就地级设备的主要功能

就地级控制器通过车站控制网与车站控制机通信，接收控制指令并对现场设备进行就地控制，满足设备的现场调试要求，同时将设备的运行状态和参数传送到车站控制机。

就地级控制器(模块箱、远程 I/O 箱)与被控设备、传感器和执行器连接，实现状态信息的采集、计算机与轨道交通监视和控制信号的输出。

8.2.3 系统被监控对象功能要求

1. 车站隧道通风系统

车站隧道通风系统按运行要求可分为正常运行和灾害事故运行，正常运行以车站级监控为主，灾害事故运行以中央级监控为主。区间隧道通风系统运行分早间运行、夜间运行、正常运行、阻塞运行和火灾事故运行等几种模式。早间运行为早间运营前进行半小时的纵向推挽式机械通风，通风完毕后进入正常运行。夜间运行为夜间收车后进行半小时的纵向机械通风，通风完毕后按工艺要求打开相应风阀。正常运行为列车正常运行时，区间隧道采用开式运行，充分利用列车活塞作用进行通风换气。阻塞运行为当地铁因为某种原因延迟行驶达到一段时间，按照系统规定进行通风运行，以达到舒适的温度范围。火灾事故运行指在发生火灾事故时，应及时加大风机力度，启动火灾模式运行工况。

2. 车站通风空调系统

车站通风空调系统主要有车站大系统和车站小系统。车站空调、通风、排烟系统的运行分为最小新风量降温除湿工况、全新风降温除湿工况、全新风等湿降温工况、通风工况、早间运行、夜间运行、阻塞运行、火灾事故运行等几种模式。为避免工况在一天内频繁转换，应根据预测客流，按照时间表顺序定期进行模式的控制和工况的转换控制，并根据运营一段时间后的统计数据进行修正。

车站大系统的监控对象包括站厅、站台公共区的空调、通风、防排烟系统。大系统主要采用变频调速控制，主要由设在车站两端的组合式空调机组来实现，空调机组送风机和回/排风机采用变频调速技术，通过测量各类相关温度、湿度和其他相关的参数，采用闭环控制方案和算法，通过对变频器和大系统水系统二通调节阀的控制来满足站台和站厅公共区的温湿度要求。变频控制器由 BAS 通过智能配电系统控制，其温度、湿度探测的环境参数和运行控制命令由 BAS 提供，由变频器根据要求进行控制，并将状态信息传输给 BAS，用于整个系统的监控。

车站小系统的监控对象为车站内设备及管理用房的空调、通风、防排烟系统。小系统主要由设在车站环控机房柜式空调器或风机盘管来实现，BAS 通过配电系统对风机盘管实现开关监控，温度调节由就地恒温器完成控制。柜式空调器采集、测量各房间的温湿度、二氧化碳浓度等参数，并运用先进的选择控制算法得到最佳方案，再通过对水系统二通阀的调节使各个房间温湿度达到理想状态。设备及管理用房变风量调节(VRV)空调系统不需要 BAS 调节，只负责监控开/关和故障状态。

3. 车站冷冻水系统

车站冷冻水系统的监控要求如下。

(1) 每个组合式空调器设置供回水温度探头、供回水压力探头、空调器进出风干湿球温度探头。每个车站站厅站台各设置二至四组干湿球温度探头，对以上参数进行监视，并参与车站空调系统的调节。

(2) 冷冻水系统运行模式同大系统一样,同样依据室内外的热焓值进行判定。车站设置供回水压差传感器,通过二通调节阀保持压差恒定。

(3) 要求实现螺杆式冷水机组和冷冻水泵、冷却水泵、冷却塔之间的联锁保护控制,实现定流量控制,联锁功能由冷水机组实现。

(4) 监控冷水机组的工作状态,设备故障时应显示故障代码及故障描述。

(5) 冷水机组、冷却塔、水泵的主备切换及轮换控制,均衡设备之间的运行时间。

4. 给排水系统

给排水系统的监控要求如下。

(1) 水泵根据高低水位自动启停及轮换控制。在 OCC 监视隧道入口处集水泵和区间废水泵,在车站控制室监视所有(包括出入口扶梯下)水泵的运行状态,在 OCC 和车站控制室进行设备故障和危险水位报警,BAS 可对水泵进行控制。污水泵运行超时报警,超时时间可调。

(2) 地下车站生活水给水引入管上的电动蝶阀由 BAS 在车站控制室监视运行状态,并可实现电动蝶阀开关控制。

5. 自动扶梯和电梯

自动扶梯和电梯的监控要求如下。

(1) 通过 RS232/RS422/RS485 接口与自动扶梯、电梯控制柜通信,完成数据采集。

(2) 对各车站的自动扶梯、电梯的运行状态及故障进行车站级监视,显示报警信息与内容。

6. 照明系统

照明系统的监控要求如下。

(1) 各车站公共区照明、广告照明、出入口照明按地铁运营时间指定运行时刻表及可灵活选择多种模式控制和手动指令控制,掉电后自动记忆之前状态并在来电后自恢复,控制操作以车站级控制为主,OCC 具有远程控制功能,火灾情况下自动切除三级负荷总开关。

(2) 对车站事故电源系统运行状况进行监视。

7. 人防门

人防门的监控要求是利用无源接点来实现监控数据的采集,在车站控制室和中央控制室监视人防门的开关到位状态,进行危险报警。

8.2.4 系统通信布置

BAS 的中央级控制中心计算机设备通过局域网进行连接,中央控制中心局域网可为双以太网、客户/服务器方式的网络结构,可采用 TCP/IP 协议标准,传输速率不小于 100 Mbps,传输距离不小于 500 m。

BAS 的第 2 层数据通信网为通信主干网,实现调度控制中心局域网与各车站级控制局域网间的通信,通信主干网传输距离不小于 30 km,传输速度为 100 Mbps 以太网,通信主干网由通信专业设计。

BAS 的第 3 层网是车站 BAS 设备监控网,车站控制室主机通过车站监控网与现场控制机进行通信。

车站监控网可采用工业以太网或现场总线网络制式,如 ControlNet,ControlLinker 等。工业以太网和现场总线网的性能比较见表 8-1。

表 8-1　工业以太网和现场总线网的性能比较

项　　目	工业以太网	工业现场总线
网络速度	根据需要 10～1000 Mbps	最高 12 m,不同网段速度固定
数据带宽共享	有	无
开放性	好	一般
硬件互换性	好	不好
设备更新升级	好	一般
故障隔离功能	好	一般
故障检测	有网管,故障定位准确	难以确定故障源,不便于维修
本质安全	无	有
冗余	好	好
成本	较高	一般
开发难度	一般	简单

根据表 8-1,工业现场总线方案更适合信息量较小、比较封闭和专用性强的系统,工业以太网则更为通用、灵活,响应程度更高一些。考虑到系统实现的方便性和成本,南京地铁 BAS 车站监控网采用 ControlNet 现场总线光纤环网。

车站的现场控制机直接对车站内机电设备进行监控。对于相对集中且距离较远的机电设备通过远程 I/O 接口进行监控,现场控制机与远程 I/O 接口的距离不小于 2 km,传输速度可为 5 kbps。

8.3　天津地铁 6 号线系统设计原则

(1) 天津地铁 6 号线 BAS 设计按全线同一时间内发生一次火灾考虑。

(2) BAS 应使车站成为具有最佳工作与换乘环境、设备高效安全运行、整体节能效果明显等原则进行系统设计。

(3) 区间隧道通风设备直接由中央级综合监控系统监控管理,必要时可以授权相应车站进行监管。

(4) BAS 应本着技术先进、组网灵活、扩展方便、运营管理安全可靠、节省投资的原则进行设计,同时还应考虑足够的余量,以满足天津地铁 6 号线工程所有车站和区间隧道通风设备的监控要求以及今后功能的扩展和线路延伸的需要,监控点规划按预留 10%至 15%的余量考虑。

(5) 地下车站通风空调系统的风机、风阀等设备兼防排烟功能,设计中将此类设备纳入 BAS 监控管理,火灾时由 FAS 或综合监控系统下达预定的救灾运行模式指令,BAS 接受并优先执行。

(6) 全线 BAS 采用分级、分布式系统结构,即现场分散控制,中心集中管理。系统的组成及运行管理流程如下:中央监控管理级——车站监控管理级——现场控制级(监控模块)——受控设备。

(7) BAS的外部线缆均采用低烟无卤阻燃型线缆。主电源按一级负荷加UPS供电。系统接地采用综合接地方式,接地电阻小于1 Ω。

(8) 系统设计和设备配备应根据工程环境,考虑抗电磁干扰、防尘、防潮、防霉、防震等因素,确保系统可靠运行。整个系统设计和配置必须具有安全性、可靠性、开放性和可扩展性。

此外,BAS设备应该达到工业级控制产品的标准,硬件、软件的设计应充分考虑系统的先进性、可靠性、可维护性、可扩展性、开放性、标准化、通用性、兼容性,并具备故障诊断、在线修改的功能,具有良好的人机界面。

(9) 系统设计中的创新点。

①分析并设计了环控系统的最优性能方案,其中包括室内温度控制、室内压力控制、送风温度控制、送水压差控制以及冷源流量控制五个部分。环控系统优化是BAS设计的重要环节,也是设计亮点。

②分析了BAS的接口功能,并对BAS与其监控对象的系统(冷冻水系统、给排水系统、电扶梯以及照明系统)、综合监控系统(ISCS)、火灾报警系统(FAS)的接口进行设计。

③根据BAS的设计方案,对硬件平台进行搭建,并对控制器(冗余PLC、IBP盘PLC、非冗余PLC)、BAS机柜、远程I/O、传感器、通信模块、控制网络等主要设备进行选型。

④以天津地铁6号线为例,从环控系统模式判定、通讯实现情况、控制器编程软件以及组态软件方面进行软件方案设计。

8.4 环境与设备监控系统施工方案

1. 环境与设备监控系统专业概况

环境与设备监控系统由中央级系统、车站级(包括各车站、车辆段)系统、现场控制级系统、维修测试系统、培训管理系统等组成。BAS控制器通过两个独立的10/100 M以太网接口直接与ISCS的交换机相连,集成在ISCS中,不存在全线单独的传输网络。为满足BAS的维修管理要求,BAS利用ISCS网络设备的VLAN功能划分逻辑上相对独立的虚拟网络通道,组建BAS全线维修网络。BAS在各车站的通风空调电控室、车辆段的综合监控设备室配备PLC控制器。ISCS在各车站设置的工作站实现BAS的车站级功能。在控制中心由综合监控系统设置操作员工作站(环调工作站)完成BAS中央级功能,实现BAS中央级系统在综合监控系统中的集成。在车辆段维修中心、车站自动化维修工区维修工作站、维修打印机以及便携式维修电脑的软硬件均由ISCS统一配置。

2. 施工流程

根据本工程的特点和总体安排的要求,本系统总体施工流程如图8-3所示。

3. 施工要点及方法

环境与设备监控系统施工要点及方法见表8-2。

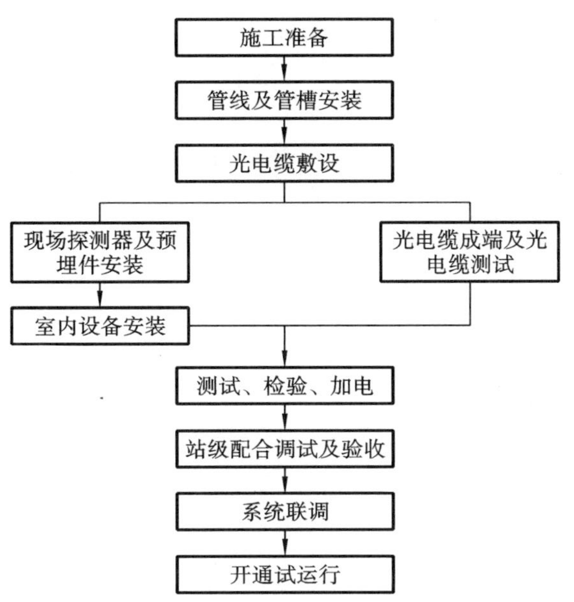

图 8-3　环境与设备监控系统施工流程图

表 8-2　环境与设备监控系统施工要点及方法

施工工序	施工要点及方法	示意图
施工准备	熟悉图纸：核对施工设计图纸和相关文件，对作业人员进行技术培训； 现场检查：检查现场条件是否符合施工要求； 施工机具准备	/
管、槽、桥架安装	根据施工图纸确定缆线防护管、槽安装位置，并测量管、槽安装长度；确定出线盒、过线盒的数量；按照设计要求及国家规范进行安装（管、槽、桥架可按照设计要求及规范与其他系统共用）	各种桥架空间布置示意图
各类传感器、探测器安装	清点、核对：清点核对数量、规格、型号及安装附件； 划线定位：用记号笔在打眼位置作好标记，并画出设备安装模板外框线； 底盒安装：拧开螺帽将膨胀螺栓套入设备底盒，拧紧螺帽； 探测器安装：温湿度传感器，压力、压差传感器，流量传感器，液位传感器等各类传感器按相应设计要求进行安装	管道 插入式传感器 传感器安装支架
室内设备安装	盘柜基础槽钢制作，槽钢框架就位，控制柜就位与调整，用水平仪调整设备的水平度、垂直度，直到符合要求，拧紧螺帽固定设备	

续表

施工工序	施工要点及方法	示意图
检查及调试	包括对设备外观进行目测检查,以及用水平仪对安装好的设备进行水平度、垂直度两个方面的检查,发现不合格的立即予以整改;检查结束后进行系统调试	

第9章　门禁系统

9.1　系统构成和系统功能

9.1.1　系统的基本结构

轨道交通门禁系统通常采用集中管理、分散控制的模式，设中央管理级、车站管理级和现场设备三层架构。地铁门禁系统是通过计算机网络，将中央级、车站级和就地级的门禁系统和设备连接组成的自动化控制系统，能实现包括智能门禁控制、消防联控、综合报警及人员跟踪等多种功能。按照功能来划分，地铁门禁系统的设备可分成中央级设备、车站级设备以及就地级设备。其中，中央级设备主要由中央服务器和中央门禁授权工作站组成，车站级设备主要包括车站门禁工作站和系统控制器，就地级设备则由就地控制器、读卡器、电子锁、开门按钮、紧急破玻按钮等设备组成。门禁系统构成如图 9-1 所示。

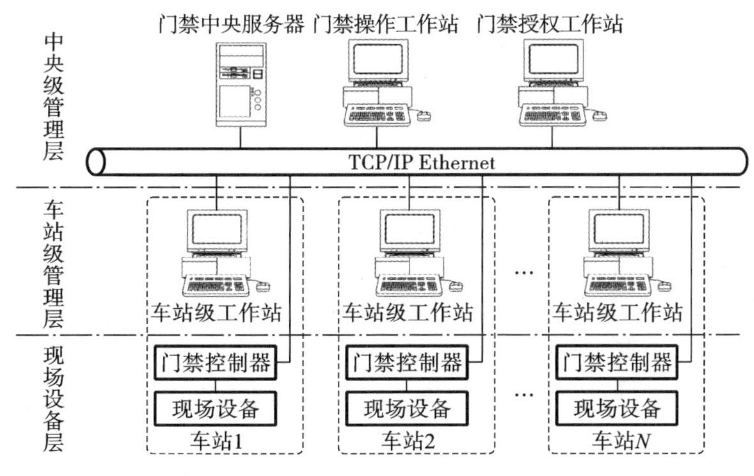

图 9-1　门禁系统构成图

9.1.2　系统的特点和组合形式

从地铁线路整体考虑，门禁系统一般采用“服务器客户机”分布式网络结构，以 OCC 的门禁系统管理服务器为中心，采用集中管理和分散控制的模式。

1. 集中管理

在网络环境和 ACS 管理服务器图形化信息管理平台下，位于 OCC 的 ACS 管理服务器作为统一的管理平台，具有强大的实时操作、运行管理、信息显示查询、设备管理和配置功能，通过信息共享、信息处理和控制互连，实现对各车站、车辆段、停车场等门禁系统的集中管理和操作。

各 ACS 管理工作站的操作员或管理员通过专门的通信网络访问 OCC 的 ACS 管理服

务器,从而实现对各分区门禁系统的监控和管理。他们的职责包括:对门禁硬件系统进行设置调试和管理控制;设置和控制每个人员的开门权限、开门时间、开门位置等;通过信息提取和查询,可以查看指定门禁的所有读卡信息记录;实时监控指定门禁的开门状态与人员进出信息,远程控制门状态等;可以按各种分类信息,进行进出记录汇总和报表打印;能自检门禁使用状态发出的故障预警。

2. 分散控制

各车站分管理中心门禁系统的功能和结构相对完整。当各车站分管理中心系统间的连接出现故障时,各车站智能门禁控制器均能独立工作,而且能够有效控制各自车站的出入口。

3. 与综合监控系统的连接形式

在OCC,根据地铁建设和运营管理、维护的不同要求,综合监控系统(ISCS)可以采用集成或互联的方案建立与门禁系统的联系。综合监控系统集成子系统是指接入子系统的全部信息都由综合监控系统传输,子系统在控制中心和车站的功能由综合监控系统实现,但子系统没有独立的信息传输网络。而综合监控系统互连子系统则是被连接的子系统,具有单独的信息传输网络,是一个完整独立的系统。但综合监控系统与它在不同的网络级别接口,传输必要的信息给这些子系统,实现监控功能。由于综合监控系统基本都布置在控制中心,从而使得这里的门禁系统有集成或互联两种构成方案。

(1) ISCS集成ACS。

当综合监控系统集成门禁系统时,ACS不设置单独的服务器,这时ISCS能够完成ACS的管理和控制。

ACS的控制管理功能,如开关门、权限管理、报警等,都必须通过综合监控系统软件完成。此时,ACS必须向ISCS开放自己经过加密的网络协议。这种方案既节约了投资,又提高了管理效率,非常适合新建地铁的自动化系统,广州地铁5号线就是采用这种方案。

(2) ISCS互联ACS。

当综合监控系统采用互联方式接入门禁系统时,ACS仍作为一个独立的监控系统存在,拥有自己冗余的服务器。ISCS仅通过接口完成与ACS的交互,如读取门状态信息、刷卡信息、持卡者相关信息等。这种方案保持了ACS的独立性,比较适合已建地铁自动化系统的升级改造。

9.1.3 系统的主要设备配置及功能

1. 中央管理级

中央管理级设于线路控制中心内,主要设备包括门禁中央服务器、授权工作站以及管理工作站等。

(1) 门禁中央服务器。它用于存储全线门禁系统所有相关数据,包括门禁通行卡信息、人员进出记录、设备状态及故障信息、非正常报警信息等,并对整个门禁系统的设备进行管理、维护和监控。

(2) 授权工作站。它进行授权管理,设置门禁通行卡的使用权限,结合读卡器可完成门禁通行卡的发卡工作。

(3) 管理工作站。它完成对门禁系统的日常监控和管理,包括监控全线门禁系统的运行状态,设置系统运行模式及下达运作命令以及各类信息查询、统计及报表打印等。

2. 车站管理级

车站管理级(包括各车站、控制中心大楼、主变电所、停车场、车辆城市轨道交通门禁系统的应用及方案优化探讨)设于车站控制室或相关建筑的监控管理室,主要设备包括监控工作站、门禁网络控制器等。

(1) 监控工作站。监控工作站由机电设备监控系统设置,通过对门禁系统的集成,在监控工作站实现对本站点内门禁系统的全面监控。

监控工作站可显示各道门的开闭状态和门禁通行卡的使用信息,并对使用非法卡、强行闯入、延时不关等异常情况发出报警信号,同时对门禁系统设备状态、故障及报警记录、各道门的人员进出记录等信息进行查询、统计并打印输出等。

(2) 门禁网络控制器。门禁网络控制器可以实现与门禁就地控制器的通信以及与上层门禁中央服务器的通信,对门禁就地控制器进行管理,还能将接收到的火灾联动指令分配至相应的就地控制器等。当与上层网络的通信出现故障时,门禁网络控制器自动转入独立工作模式,仍可对就地控制器进行管理,现场门禁通行卡的识别等功能均不受影响。网络通信恢复后,自动连接上层网络并将通信中断期间的数据上传。

(3) 各车站控制室内配置综合后备盘(IBP),IBP 盘上设有门禁系统紧急解锁按钮。当发生火灾等情况,需按预设联动程序将相关区域门禁解锁。未成功时,可通过 IBP 盘上的紧急解锁按钮切断门禁系统锁具的工作电源实现全站解锁,确保人员顺利疏散。

3. 现场设备层

现场设备包括门禁就地控制器、读卡器、锁具、门磁开关、出门开关、紧急出门按钮等。

(1) 门禁就地控制器。门禁就地控制器对读卡器、锁具、门磁开关、出门开关、紧急出门按钮等装置进行监控,处理读卡器上传的门禁通行卡信息,判断是否将锁具解锁。与网络控制器通信中断时,门禁就地控制器自动转入离线独立工作模式,但不影响门禁通行卡的识别等功能。与网络控制器通信恢复后,可上传离线工作期间的数据。

(2) 读卡器。读卡器采用非接触式读卡方式读取门禁通行卡的信息并传至门禁就地控制器,并根据门禁卡的权限(有效卡、无效卡)发出不同的声光提示。票务室等重要部位设置带密码键盘的读卡器,即通过使用有效卡并输入正确的密码方可进入,提高门禁防护等级。

(3) 锁具。锁具为门禁系统出入控制的执行机构,锁具型式有电磁锁(分为电磁直吸式、电磁剪力式)、机电一体锁、电插锁(也称阳极锁)、电动锁扣(也称阴极锁)等。门体的材质和型式、项目投资控制等是选择锁具需考虑的主要因素,上海轨道交通目前使用的主要是电磁锁。电磁锁工作电源为直流 12 V/直流 24 V,锁具吸合力(抗拉力)大于 250 kg,失电解锁。

(4) 门磁开关。门磁开关用于检测门扇开启或关闭到位,并将信号传送至门禁就地控制器。

(5) 出门开关。门禁防护区室内安装出门开关,出门开关通过门禁就地控制器将锁具解锁。

(6) 紧急出门按钮。紧急出门按钮动作即切断相应锁具的工作电源而直接解锁,同时将信号传送至门地控制器。当出门开关等装置或设备故障时,可敲碎紧急出门按钮上的防护玻璃实现开门,确保人员安全撤离。

4. 门禁系统其他主要功能

(1) 消防联动。作为消防联动的对象之一,车站门禁系统与火灾报警系统(FAS)设有接口。当发生火灾时,门禁系统能够接收火灾报警系统的指令将相关区域的门禁解锁,便于人员快速疏散。

(2) 电视监控联动。当门禁系统产生连续使用无效卡、强行闯入、延时不关等报警信号时,向车站电视监控系统发出联动信号。由电视监控系统调取相关报警区域的图像信息,使监控人员能够即时监视现场异常情况。

(3) 考勤。通过考勤软件能够安排员工的工作时间,并对员工考勤记录进行自动分析和统计。考勤主要功能包括工作时间安排、人员工作安排、人员异常安排、考勤次数设置、生成考勤报表、形成并打印输出统计报表等。

9.2 系统的联动与优化

9.2.1 系统的联动

在综合监控系统中,无论门禁系统是集成还是互联,在日益关注资源共享、信息互通的地铁建设中,与门禁系统相关的联动都应该仔细、周密地考虑。在非法闯入、门锁被破坏或读非法卡时,系统会发出实时报警信息。当接到防盗报警信号后,可联动门禁控制器关闭相关区域的通道门。当出现火警等情况时,可实现消防联动,由中心统一开启出入通道。重要出入口可启动 CCTV,实现联动监控。同时,可根据实际需求,在门禁系统设置让持卡人具有刷卡撤防的功能,即通过设置布防后(可根据需要进行密码布防)。当房间内需要再次进入时,则可在规定的时间段通过刷卡进行撤防操作,从而免去烦琐的操作,达到一卡通快捷方便的实用效果。

按照实现的复杂程度,联动可以划分为低级联动和高级联动。低级联动是指实现复杂程度较低的联动功能,一般只牵涉到两个子系统,其逻辑判断条件简单,执行步骤少,执行结果明确。高级联动是指实现复杂程度较高的联动功能,一般牵涉多于两个子系统,其逻辑判断条件相对复杂,执行步骤较多,执行结果的选择较多。

按照综合监控软件执行联动的地理位置,联动可以划分为中心级联动和车站级联动。中心级联动是指仅在 OCC 实现的联动,因为 OCC 拥有全线各车站的数据,有些联动只能在 OCC 实现,而不能在车站实现,如列车在隧道中发生火灾(需手动启动)。车站级联动是指仅在车站实现的联动,如隧道进水(在监测到隧道污水井报警后自动启动)。

按照运营所需不同工况,联动可以划分为正常联动和紧急联动。正常联动是指在地铁运营正常的情况下,ISCS 完成的联动功能,如全线车站的早起运、晚停运。紧急联动是指地铁运营在遇到火灾、爆炸、洪水等异常情况下 ISCS 完成的联动功能。

1. 与自动火灾报警联动

当火警发生并得以确认时,自动火灾报警系统(FAS)向 ISCS 发出报警信号。ISCS 根据传送的火灾信号,采取一系列措施,并联动 ACS 自动释放各相关通道的电控门锁,以便人员逃生。以车站站台火警为例,首先 FAS 检测到或有人员发现车站站台火警,随后 OCC、车站或其他建筑物的火灾紧急撤离程序启动。当 ISCS 从 FAS 收到火灾告警消息后,在 OCC 启动以下联动序列。

(1) 确认火灾告警以及火灾状态、地点、程度。

(2) 自动在行调操作员终端上显示此站台闭路电视(CCTV)系统图像。

(3) 自动在大屏幕(OPS)上显示此站台CCTV图像。

(4) 自动触发CCTV的录像。

(5) 根据火灾场所和程度启动合适的通风/排烟模式。

(6) 通知列车不要进入此车站。

(7) 确保合适的照明。

(8) 启动合适的疏散信号。

(9) 启动广播(PA)紧急通知。

(10) 启动适宜的自动扶梯、电梯模式。

(11) 打开疏散门以及其他相关门的门禁。

(12) 将闸机回转栏设为自由转动。

(13) 检查受影响站台的屏蔽门(PSD)响应。

(14) 确认消防部门响应。

(15) 检查信号(SIG)系统的响应和列车移动。

(16) 建议操作员在行调终端上对相邻车站通过的列车进行扣车操作。

(17) 继续监视直至告警解除。

2. 与防盗报警联动

如果在OCC或车站布置了防盗报警系统,就可以考虑设计其与门禁系统的联动。当防盗报警发生时,门禁系统可自动锁死所有的门或事先由管理员设定的门。一般的门禁系统均具备与报警设备实现直接联动的能力,或通过串口对其他安防系统设备进行联动控制,甚至可以升级为具有OPC接口的管理系统。例如,将防盗报警系统报警点的输出接入门禁控制器的输入,就可以由门禁控制器设定周界防范所需联动的门或其他设备(如警灯、警号等)。

3. 与CCTV系统联动

操作员通过CCTV的视频监视,可以快捷、直观地观察地铁现场情况。一旦ACS发出报警信号,通过联动CCTV的视频矩阵进行控制,CCTV的监视屏自动切换到相应的区域监视报警点的情况,并发出报警信号提醒操作员处理事件。CCTV联动一般采用本地网络的软件联动,即CCTV和ACS通过开放通信接口方式实现软件控制。在综合监控系统软件中,分别为监视点和监视事件关联/指定摄像机。

9.2.2 系统的优化方案

1. 换乘站门禁系统共享方案

随着城市轨道交通网络化建设的推进,形成了众多二线换乘、三线换乘,甚至四线换乘的车站。换乘站的门禁系统可实现共享,即由先建线设置一套门禁系统(门禁网络控制器、监控工作站共享)覆盖整座换乘车站。后建线仅需根据本线门禁保护区域的布置和数量,增设门禁就地控制器及读卡器、锁具等终端设备并接入先建线门禁网络控制器即可。共享方案减少了门禁系统与其他相关机电系统的接口,从而提升可靠性,并有效节约工程投资,给后期的运营管理也带来许多便利。

2. 实现门禁系统的网络集中授权

门禁系统授权功能设于各线控制中心,若某一员工的工作范围涉及两条或多条运营线路,则需在相关线路的授权工作站分别对该员工的员工卡进行授权,处理较为烦琐。随着城市轨道交通网络化建设及网络化运营管理的推进,解决上述问题显得更为重要。

基于各线门禁通行卡均采用技术标准统一的轨道交通员工卡和借助通信系统上层网(各线控制中心间的通信网络)的资源以及在各线门禁系统相关通信协议开放的基础上,可通过设置一套门禁系统网络中央服务器和集中授权工作站,实现对员工卡的全网络集中授权。即由集中授权工作站将员工卡授权信息通过网络中央服务器下发至各相关线路控制中心,再由线路控制中心门禁服务器将授权信息发至各相关车站的门禁网络控制器和就地控制器,从而一次完成员工卡的各线授权。

3. 实现车站级应急授权功能

如果控制中心授权工作站故障或控制中心与车站网络通信中断等情况发生,将导致门禁系统的人员名单不能及时下发,从而产生安防隐患或影响员工的正常进出。

在各车站级监控工作站中配置授权功能作为后备措施。当控制中心的正常授权功能不能实现时,可由具有相应权限的操作人员通过车站监控工作站将相关员工卡权限信息发送至门禁网络控制器和就地控制器,完成本站的紧急授权。

4. 不同型式锁具的综合运用

机电一体锁进门时与电磁锁类似,即在读卡器上使用有效卡后,旋转门外执手就可开启房门,而室内无需安装出门开关和紧急出门按钮,出门时直接旋转门内执手即可开门(开门过程均为机械动作,无需门禁就地控制器发出指令)。

机电一体锁有断电开和断电锁两个选择。断电开,即切断锁具电源时门锁处于打开状态,但锁舌仍闭合,可以扣住门。断电锁,即锁具失去工作电源时保持锁闭状态,但可以通过钥匙开启门锁,旋转门内执手即可将锁具解锁,在保证人员生命安全的同时也确保了财产的安全。

市场上,机电一体锁的价格为电磁锁的 3～4 倍,甚至更高,但其功能、性能、观感等优势也较为明显,可在财务室、票务室、警务室等安防等级较高的区域使用机电一体锁。

9.3 门禁系统的施工

1. 门禁系统专业概况

门禁系统独立自成系统,独立设置本线中央级系统。车站级系统集成到综合监控系统,车站级系统功能由综合监控系统实现。中央级系统通过综合监控骨干传输网与车站级系统相连。

2. 施工流程

根据本工程的特点和总体安排的要求,本系统总体施工流程如图 9-2 所示。

3. 施工要点及方法

门禁系统施工要点及方法见表 9-1。

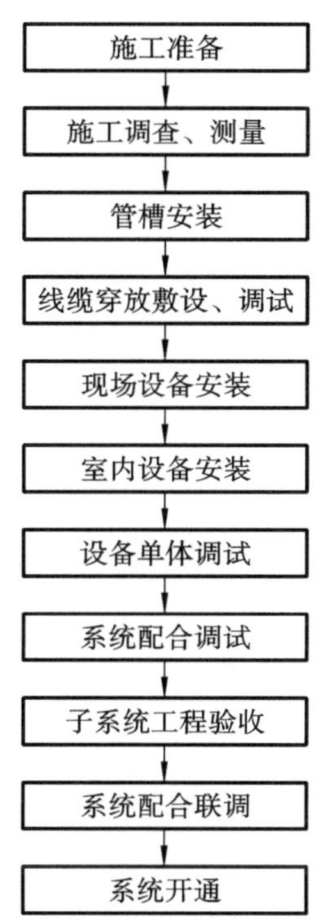

图 9-2　门禁系统施工流程图

表 9-1　门禁系统施工要点及方法

施工工序	施工要点及方法	示意图
施工准备	熟悉图纸：核对施工设计图纸和相关文件，对作业人员进行技术培训； 现场检查：检查现场条件是否符合施工要求； 施工机具准备	/
管、槽、桥架安装	根据施工图纸确定缆线防护管、槽安装位置，并测量管、槽安装长度；确定出线盒、过线盒的数量；按照设计要求及国家规范进行安装（管、槽、桥架可按照设计要求及规范与其他系统共用）	各种桥架空间布置示意图
现场设备安装	就地控制器、读卡器、磁力锁、紧急按钮、开门按钮应按设计要求进行安装	机箱套装电源（含控制器） 交换机 管理电脑 进门读卡器

续表

施工工序	施工要点及方法	示意图
设备室设备安装	管理主机以及设备机柜、机架、盘台的安装应符合设计要求	
系统调试	检查所有设备连接及设置无误后,通电进行系统调试;确认控制设备及现场设备运行情况	

9.4 乘客信息系统施工方案

1. 乘客信息系统专业概况

乘客信息系统(PIS)是一个综合计算机网络技术和电子媒体技术的服务性系统,能发布乘客导乘信息、列车到站信息、管理公告等运营服务信息,并为广大乘客提供丰富的资讯与娱乐信息,包括天气预报、时事新闻、视频节目以及股市行情等。在紧急情况下,乘客信息系统还可以辅助显示引导信息。它由控制中心子系统、车站子系统、车载播控子系统以及网络子系统(包含有线、无线两部分)组成。

2. 施工流程

根据本工程的特点和总体安排的要求,本系统总体施工流程如图 9-3 所示。

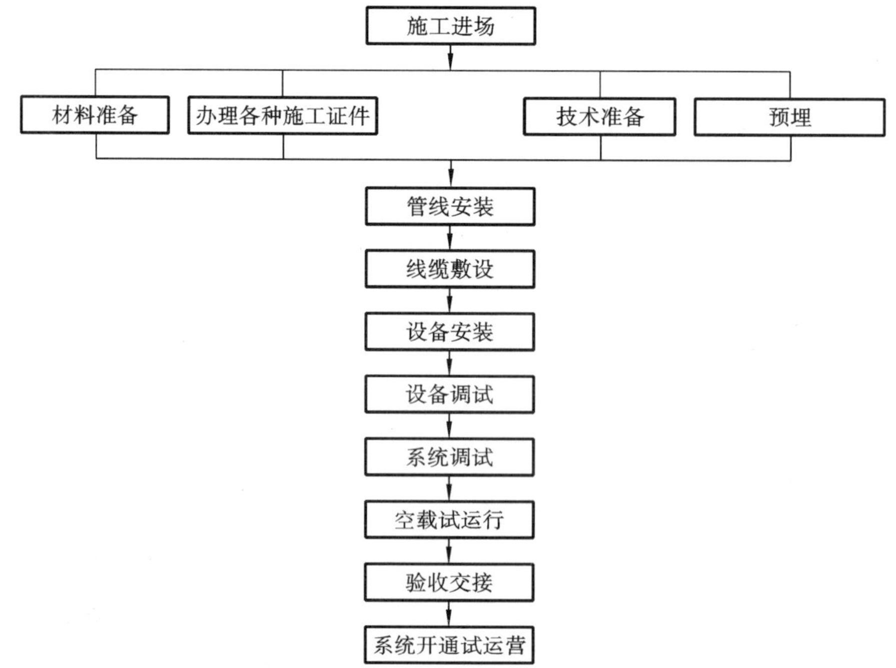

图 9-3 乘客信息系统施工流程图

3. 施工要点及方法

乘客信息系统施工要点及方法详见表 9-2。

表 9-2　乘客信息系统施工要点及方法

序号	施工工序	施工要点及方法	示意图
1	管、槽、桥架安装	根据施工图纸确定缆线防护管、槽安装位置，并测量管、槽安装长度；确定出线盒、过线盒的数量；按照设计要求及国家规范进行安装（管、槽、桥架可按照设计要求及规范与其他系统共用）	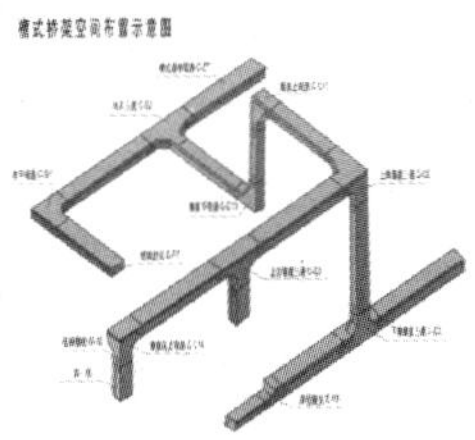
2	显示屏安装	根据施工图纸和设备安装说明书的要求，将显示屏安装到位；安装过程中避开站台吊顶内的障碍物，安装牢固，整体效果美观	
3	屏幕墙的安装	根据施工图纸和设备安装说明书的要求，将屏幕墙安装到指定位置	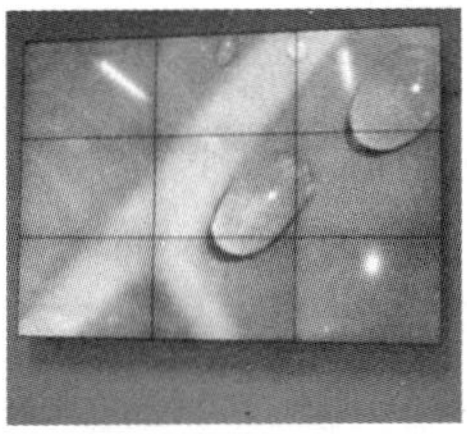
4	设备安装	安装前进行设备检验，严禁未经检验和缺件、损坏及不适用的设备投入使用；机房内的系统设备的安装位置符合设计文件的要求；各设备的安装位置合理、美观、操作方便；机架的安装须牢固，水平度、垂直度小于 1‰；设备、线缆管线等接地符合设计要求	
5	调试	检查各设备连接及软件设置，通电运行情况，检查各显示屏是否正确显示预定内容	

第 10 章　屏蔽门及站台施工技术

安装于地铁、轻轨等轨道交通车站站台边缘，将轨道与站台候车区隔离，设有与列车门相对应，可多级控制开启与关闭滑动门的连续屏障称为轨道交通屏蔽门，简称屏蔽门。屏蔽门将站台候车区域与轨道隔离，并设置与列车门对应的滑动门。列车到站后，乘客可通过与列车车门同步打开的滑动门直接出入列车车厢。屏蔽门大大降低了因为列车行驶产生的活塞风，为候车乘客提供了安全保障。

10.1　屏蔽门的类型和原理

10.1.1　屏蔽门类型

轨道交通屏蔽门按其功能可分为两大类：闭式屏蔽门和开式屏蔽门。闭式屏蔽门也就是我们通常所说的轨道交通屏蔽门，开式屏蔽门即我们通常所说的安全门。开式屏蔽门又分为全高开式屏蔽门和半高开式屏蔽门两种。

半高开式屏蔽门主要作用是保证乘客的安全，高度一般为 1200～1500 mm，由于它不能完全隔绝列车运行的空气流动风和噪声对乘客的影响，因此这种结构多用在敞开式地面站台或高架站台。全高开式屏蔽门除具有保证乘客的安全的功能外，还能阻挡列车进站的气流对乘客的影响，高度一般为 2800～3200 mm，这种结构多用于没有空调系统的地下站台。

闭式屏蔽门除具有保证乘客的安全的作用外，还具有隔断区间隧道内气流与车站内空调环境之间的冷热气流交换的功能。所以要求屏蔽门的气密性良好，这样才能使车站与区间的热交换减小到最低程度，达到节能的目的。门体高度一般为 2800～3200 mm，这种结构多用于设有空调系统的站台。

10.1.2　屏蔽门的系统构成

屏蔽门系统由门体结构，门机系统，门机控制器(DCU)，车站级控制、监视系统几个主要部分构成。

1. 屏蔽门的门体结构

屏蔽门的门体结构一般由承重结构、门体(包括滑动门、固定门、应急门、端头门)、顶箱、踏步板、上下部连接结构等构成。

2. 屏蔽门的门机系统

屏蔽门的门机系统是由驱动机构、传动机构、悬挂机构、锁定解锁机构组成。目前国内外屏蔽门供应商中一般采用皮带传动门机系统，极少数屏蔽门供应商中一般采用丝杠传动门机系统。丝杠传动门机系统传动效率高，位置控制更准确，但产品成本、安装精度要求和维护成本高且噪音大，所以，在屏蔽门系统中应用较少。齿形皮带传动门机系统，噪声低，安装调节和维护方便且维护成本低，在屏蔽门系统中广泛被采用。

3. 屏蔽门控制系统

屏蔽门控制系统由中央控制盘(PSC)、门控单元(DCU)、就地控制盘(PSL)以及传输介质组成。

10.1.3　屏蔽门系统的工作原理

轨道交通站台屏蔽门设有与列车门相对应、可多级控制开启与关闭的滑动门,同时在站台边还设有可手动开启的应急门,其作用是当列车门与滑动门不能对齐时,供乘客疏散。在屏蔽门的两端设有可开启的端头门,是供车站工作人员进入隧道的专用门。

正常情况下,所有可开启的门体(包括滑动门、应急门、端头活动门等)均处于关闭且锁紧状态。需要打开时,应急门、端头活动门只有手动开启模式,在站台侧由授权人员(站务人员)使用钥匙将门打开,在轨道侧所有人员均可以通过开门推杆将门打开。因此,对屏蔽门系统的控制是指对滑动门运行方式的控制。按操作方式和地点的不同,屏蔽门系统的运行模式分为正常运行模式、非正常运行模式和紧急运行模式三种。

1. 正常运行模式(由系统级控制)

系统级控制当滑动门收到信号系统开门/关门指令后执行开门/关门命令,滑动门在电机带动下实现开门/关门动作,滑动门打开后乘客由该通道进出列车,所有滑动门关闭且锁紧后,屏蔽门系统将该信息反馈给信号系统,司机只有在接收到所有滑动门关闭且锁紧的信息后才可以发车。

2. 非正常运行模式

当信号系统失效时,司机或站台工作人员可通过设置在站台端头的就地控制盘(PSL)或通过车控室紧急控制盘(IBP)控制一侧站台滑动门的开关。

当一档或多档滑动门发生故障时,通过站台工作人员可通过就地控制盒(LCB)将发生故障的滑动门隔离,或者将发生故障的滑动门调整到手动模式,调试单档安全门。

3. 紧急运行模式

当发生故障或紧急情况时,如果就地控制盘(PSL)和紧急控制盘(IBP)操作失效,在站台轨道侧可由列车上的乘客手动打开滑动门或应急门,或在站台侧由站台工作人员用钥匙打开开滑动门或应急门,供乘客疏散。

10.2　屏蔽门的安装和调试

10.2.1　屏蔽门的安装

屏蔽门系统的施工单位应积极与地铁其他施工单位协调、配合,服从业主、监理或集成商的统一管理和协调。施工管理及施工人员应经过专业培训合格后才能上岗。

1. 屏蔽门系统的构成

屏蔽门系统的构成见表 10-1。

表 10-1　屏蔽门系统的构成

序号	组成系统	结 构 组 成	实现功能
1	门机	门机梁、驱动电机和减速器、传动装置、门锁、行程开关等	执行系统

续表

序号	组成系统	结构组成	实现功能
2	门体	梁柱结构、滑动门、固定门、应急门、端门、门槛、绝缘件、顶箱盖板等	将站台公共区与隧道行车区隔离
3	配电系统	指从低压配电与照明专业自动切换箱至站台门电机及其他用电设备的中间所有元器件，主要包括隔离变压器、UPS、断路器、继电器、电缆等	动力提供系统
4	控制系统	中央接口盘、门控单元、就地控制盘、与综合监控系统及信号系统间的接口设备、系统软件等	控制、通信系统

2. 屏蔽门系统施工流程

屏蔽门系统施工流程如图 10-1 所示。

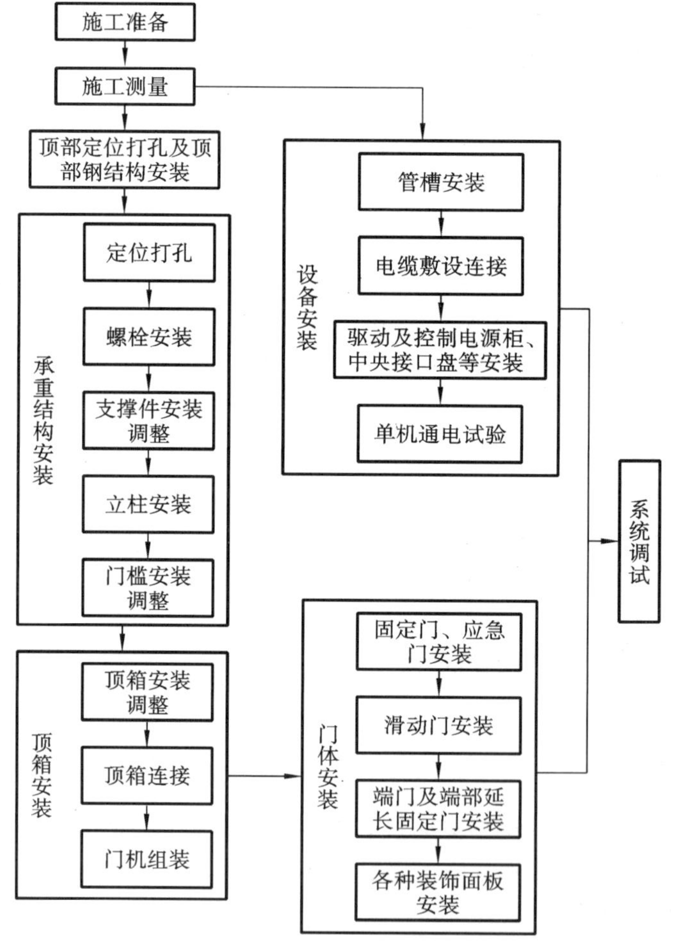

图 10-1 屏蔽门系统施工流程图

3. 施工要点及方法

屏蔽门安装施工要点及方法详见表 10-2。

表 10-2　屏蔽门安装施工要点及方法

施工工序	施工要点及方法	示意图
施工测量	在清理后的站台上，从给定的中心位置向两端划定每个立柱在 Z 轴（纵向）及 X 轴（径向）的位置，用小绳拉线固定每个点的位置并画线，做好标记	
定位打孔	定位：用专用打孔模板的中心定位线对准已画每个底座中心线，并在模板中心孔处加以固定，以防打孔时振动位置发生偏移； 打孔：钻孔时必须确定钻孔模板安装的正确位置，打孔完成时尽量在孔内用电锤多抽动几次，将孔内的残土渣带出	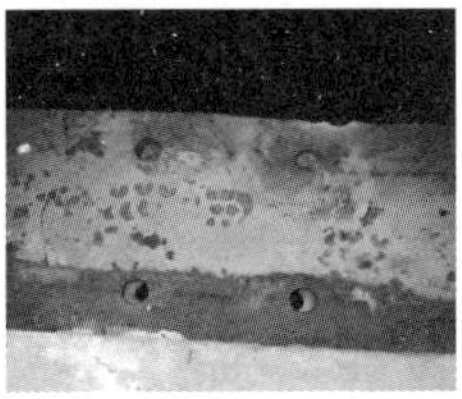
支撑件安装	从站台中心开始向两端开始安装； 从站台中心检验每根立柱间的尺寸； 用 4 个 M16 的螺杆和绝缘零件在站台边缘槽内固定垂直立柱的底板； 在立柱底盘处灌注绝缘树脂时，周边需使用预先制成的树脂模具以增加爬电距离，同时按图示位置将竖向的绝缘防护板与门槛支架或立柱粘接	
立柱安装	使用基板上的四个水平调整螺丝来调整 PED 立柱，直至门槛的固定法兰距离轨道的高度适当，并且在同一平面； 用磁力线坠调整立柱垂直度，轴误差为（2±0.002）mm，立柱轨道侧面距轨中心距离为（1663.5±2）mm	
门槛安装	按图纸的要求选择正确的待安装门槛； 在门槛下方插入垫片，使其与测定的轨道高度偏移线的高度正确； 门槛定位之后上紧螺栓； 把立柱包板扣在立柱上，对应相应孔位，用夹具夹紧，用铆钉枪依次从上至下或从下至上铆紧	

续表

施工工序	施工要点及方法	示意图
顶箱安装	把升降机放在门头箱的中间,将门头箱抬到安装位置,使螺栓对准立柱上的孔; 调节门头箱的位置,确保其中记号与测定的门道中心位置在同一直线上; 检查安装位置是否水平,是否正确无误; 以正确的扭矩拧紧箱板与上部结构; 门头箱的线路连接将在每个门头箱安装之后,通过"菊花链"的连接方式接到端子排;电源线和信号线先前已经铺好	
门体安装	在门槛上垫上垫片,小心地把左边门板置于垫片上,将门竖起来,对准悬挂着的滚轮支架;沿着J轨道将支架移到位; 在悬挂支架和门板间插入固定物件; 调整门滚轮来确定门的高度和垂直度,用水平仪测量过之后再将门固定; 调整滚轮上的门,让门鼻橡胶竖直,门鼻橡胶之间相互平行,并调整防松螺丝或者滚轮组件上的保持螺母,最后拧紧螺丝,将门固定	
等电位连接	孔与塞钉配合安装牢固; 等电位电缆的安装高度不得高于轨道高度; 等电位电缆在站台墙上安装牢固可靠,不得侵入车辆限界或被活塞风损坏	

10.2.2 屏蔽门的测试、调试

屏蔽门系统测试、调试主要包括样机、出厂、安装现场三个阶段的测试、调试。

1. 单系统测试

(1) 开关门力测试。

屏蔽门门机及门体结构安装完毕后,测试门体的运行情况,主要是通过推拉力计拉动滑动门门体进行关门运动,读取拉力最大时的推拉力计读数。当读数在要求的范围内时,测试合格。测试过程如下。

①安装好屏蔽门门机及门体结构,使其按要求正常运行,并调整开门时间、关门时间。

②将滑动门打开,推拉力计放置在如图10-2所示位置。

③当滑动门关闭行程超过三分之一的范围时,通过推拉力计测量以阻止滑动门关闭所需的力。

(2) 电源测试。

①屏蔽门系统所有设备安装布线完毕并检测合格后,须在设备室进行设备系统的通电

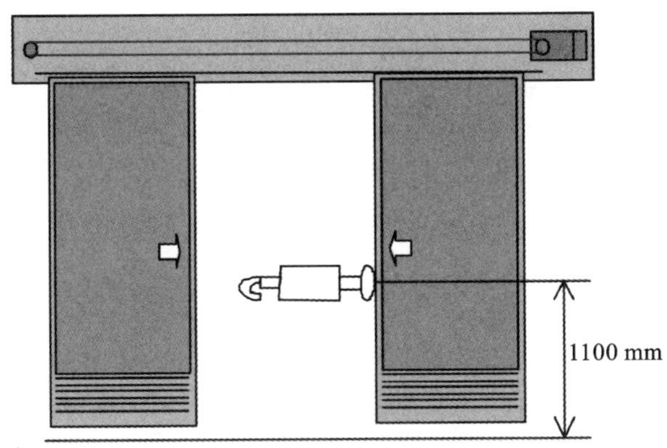

图 10-2　开关门力测试

检测，主要检测所有电源及设备是否正常运行。

②闭合屏蔽门系统控制电源柜及驱动电源柜中与低压配电接口处的空气开关，同时闭合控制电源柜中相关的控制及驱动输出空气开关，目测控制电源、驱动电源是否有电源报警现象出现。

③屏蔽门系统所有设备安装布线完毕后，在站台进行单元屏蔽门的电源线检测及通电试验，主要检测电源模块输出电压。当电源模块输出电压在要求的范围内，并确定输入 DCU 的电源电压正常时，则测试合格。

单个 DCU 的输入电压为直流 110 V(该参数不同厂家的系统有差别)，把万用表调至测电压挡，红黑表笔分别接驱动电源线的两根线，读取电压值，观察其是否在额定的输入范围之内。

(3) 手动开门力、关门力、解锁力测试。

滑动门安装完成后，对滑动门的手动开门力、关门力、解锁力进行测试，主要通过推拉力计对手动开门力、关门力、解锁力进行测试。当手动开门力、关门力、解锁力在要求的范围内，滑动门手动打开 30 秒钟后能低速关闭且锁紧时，则测试合格。

(4) 障碍物探测功能测试。

在滑动门中放置一个规定尺寸的障碍物，门关闭过程中如探测到障碍物，门将停止，释放关门力，静止 3 秒钟(可调节)后再关。连续 3 次循环后，如果障碍物依然存在，滑动门将处于自由状态，门状态指示灯闪烁。将障碍物移开，发出一个关门信号，滑动门立即低速关闭且锁紧，门状态指示灯灭则测试合格。最小障碍物测试示意图如图 10-3 所示。

(5) 总线通信测试。

①总线通信测试一：主监视界面显示的状态及报警测试。

在主监视界面中，能够监视全站屏蔽门系统的工作状态，具体包括：控制电源、驱动电源、UPS 电源、总线等的工作状态，指示显示绿色时为正常工作状态，指示显示红色时为故障状态；信号、PSL、IBP、PSC 等控制命令的执行情况；全站所有屏蔽门，包括滑动门所处状态、手动解锁、工作模式，应急门、端门开关状态。状态改变或报警发生时，应观察主监视界面是否会有对应变化。

②总线通信测试二：单档门监视界面显示的状态及报警测试。

单档门的监视界面中能够详细观看到全站屏蔽门系统中单档门(应急门、端门)的工作

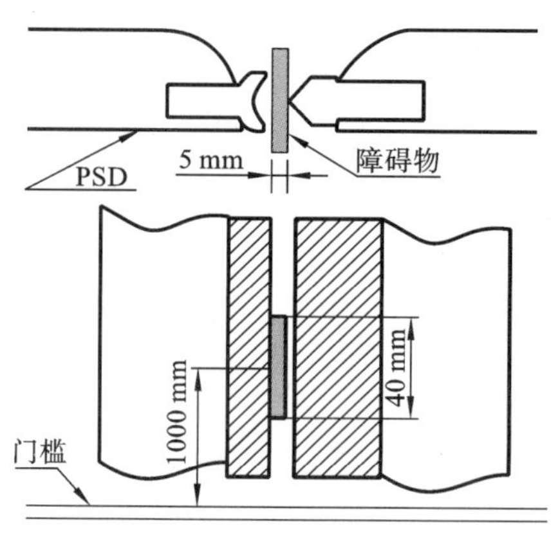

图 10-3 最小障碍物测试示意图

情况,包括感应器、控制系统发出的命令信号。就地按钮、手动解锁、DCU 与总线间的连接等的状态和故障信息可通过显示器进行实时显示,正常工作时为绿色,故障时为红色。状态改变或报警发生时,观察单档门监视界面是否会有对应变化。

③总线通信测试三:历史数据查询界面测试。

屏蔽门运行日志存储在计算机上,提供查询状态并显示报警信息,并能以 Excel 的格式输出查询结果,便于工作人员分析屏蔽门故障的原因和非正常开门/关门信息。改变查询条件,观察能否正确执行查询操作。

④总线通信测试四:速度及位移曲线界面测试。

PSC 监视软件能够保存滑动门在正常和发生开门/关门故障状态下的运动曲线。通过软件中提供的曲线查看功能,可以提取已保存的曲线数据进行分析对比,总结滑动门的运动特性。

滑动门开门/关门后,选择执行绘制开门/关门曲线,观察绘制的曲线是否与实际运行情况相符合。

⑤总线通信测试五:继电器监视界面测试。

继电器监视界面应能监视继电器的断开、吸合和发生的故障,方便维护人员进行更换和维修。通过执行 SIG、PSL、IBP 命令,观察继电器监视界面是否会有相应变化。

⑥总线通信测试六:DCU 参数设置测试。

DCU 设置用于对指定 DCU 的运行关键参数进行在线设置,用户可以将同一组参数一次性下载到上下行线所有 DCU 上,也可以对上下行线任一 DCU 进行单独设置。设置完 DCU 参数后,通过运行单档门并进行单体测试,观察是否与设置参数一致。

⑦总线通信测试七:软件下载测试。

软件下载测试用于对指定 DCU 或 PEDC 软件进行在线升级,可以同时下载多个 DCU,也可单独下载任一 DCU。下载完软件后,通过执行 SIG、PSL、IBP 命令观察主监视界面和单档门监视界面显示是否正确。

2. 屏蔽门系统的接口测试

屏蔽门系统的接口测试主要包括屏蔽门门体等电位测试、接地及绝缘层测试、与车辆的接口测试、与限界专业的接口测试、PSL 功能测试等。

(1) 屏蔽门门体等电位测试。

用兆欧表对整列门体间的等电位电阻进行测试,每一单元屏蔽门的等电位连接线均可靠连接。若要求屏蔽门与轨道等电位，应测试接轨电阻值是否符合要求。

(2) 接地及绝缘层测试。

地铁牵引配电系统采用直流供电，并把钢轨作为汇流通道，因此钢轨与大地间存在的电位差会对乘客造成影响。为确保乘客及工作人员的安全，要求在乘客及工作人员易接触到的金属部件与列车的金属部件之间采用等电位连接。在站台两端各用一根电缆与钢轨回流线相连，同时屏蔽门采用绝缘安装，以保持轨道与站台的电气隔离。

①通过直流低电阻测试仪检测接地电阻，系统设备房所有设备接地电阻应不大于0.4 Ω。

②通过 500 V 兆欧表检测屏蔽门与大地之间的绝缘电阻，绝缘值应不小于 0.5 MΩ。

(3) 与车辆的接口测试。

在列车停车精度范围内，测试屏蔽门门体（主要为滑动门）与列车门的对应情况及首尾滑动门单元开启后对司机出入司机门的影响。在列车未停准的情况下，测试应急门与列车门的对应情况。

(4) 与限界专业的接口测试。

检测屏蔽门安装后屏蔽门轨道侧轮廓线（包括在设计荷载下屏蔽门的变形量）至轨道中心线的距离是否满足限界要求。在任何情况下都不允许屏蔽门侵入其限界。

(5) PSL 功能测试。

通过 PSL 向屏蔽门发出开门/关门命令，如果屏蔽门的开门/关门无故障且同时开启和关闭，所有的信号指示灯都正常，则测试合格。

①通过 PSL 向屏蔽门系统的中央接口盘（PSC）发出开门请求命令，PSC 接到命令后向门控单元（DCU）发出开门指令，DCU 收到指令后，控制滑动门开门。

②通过 PSL 向屏蔽门系统的中央接口盘（PSC）发出关门请求命令，PSC 接到命令后向门控单元（DCU）发出关门指令，DCU 收到指令后，控制滑动门关门（包括有障碍物存在的情况）。

3. 屏蔽门系统的联动测试需要注意的问题

(1) PSL、IBP、信号系统的测试首先应注意每个单元之间的串联控制命令线路及接线顺序是否正确，否则无法响应各控制命令，甚至导致命令缺少的故障。

(2) 进行 PSC 柜的功能测试时，由于 PSC 柜的硬线线路种类很多，且功能独立，主要通过图纸和线路的标号来区分 PSC 柜的线路类别，且接线时要求集中、细致。

(3) 控制命令 PSL、IBP、SIG 的供电系统是互相独立的，各路供电系统以 1 A 或 3 A 的保险丝作为保护。任何发生短路的线路，首先会熔断保险丝，从而起到保护 PSC 内部线路和设备的作用。

10.3 安全监控技术研究

10.3.1 现有地铁站台屏蔽门系统存在的安全隐患

1. 列车门与站台屏蔽门间存在空隙

根据列车动态包络线的计算，为了列车运行安全，站台屏蔽门及其他设备都不得侵入列车界限。同时考虑到受载荷时站台屏蔽门的变形量和安装误差，在安装时站台屏蔽门和列车门之间会留有 30 cm 左右的空隙。由于在设计上没考虑这个问题，站台屏蔽门和列车门之间没有安装相应的防夹检测装置。在人多拥挤的情况下，乘客被夹在站台屏蔽门和列车门之间的事情时有发生。

在乘车时，由于人多拥挤，经常出现人在列车内，包带被站台屏蔽门夹住，而包却在站台屏蔽门的站台一侧的情况。由于包带的宽度小于 10 mm，站台屏蔽门的防夹检测装置大多是接触式感应装置，很难检测到这一情况。如果此时列车起动，势必会危及乘客的人身安全，并且会严重损坏列车门及站台屏蔽门，带来难以预料的后果。这些都是现有屏蔽门系统潜在的安全隐患。

2. 列车与地铁站台间存在空隙

列车在运行时会存在一定的摆动。为了保证列车的安全运行，列车与站台之间一般留有 10 cm 左右的空隙。有的空隙甚至更大，很容易导致乘客上下车时因踩空而受伤。

10.3.2 安全装置的设计

1. 列车门与站台屏蔽门间存在空隙的解决办法

列车与站台屏蔽门之间的窄隙是客观存在的。当人或物件被夹在中间时，因客流量大及没有检测装置，若司机和站台工作人员未及时发现，就容易导致事故发生。研究表明，如果在屏蔽门和列车门之间加装激光探测传感器阵列和紧急报警开关，当传感器检测到有人或物体被夹在空隙中时，传感装置向车站总控制和司机室发出报警和终止列车起动的信号，同时，乘客可拉下紧急开关自救。

红外传感器、超声传感器和激光传感器都可以用于障碍物的探测。但对于地铁系统，安全和可靠性是首选条件。站台上情况复杂，且存在各种干扰信号，因此在传感器的选择上选择了抗干扰能力好的激光传感器。站台屏蔽门的防夹方案主要包括以下两部分。

(1) 站台屏蔽门由移动门和固定门等部分组成。

在站台屏蔽门轨道一侧的每扇活动门上装一个紧急报警开关，当乘客被夹在中间时，可拉下紧急报警开关。紧急报警开关会及时通知车站总控制室和司机，使列车停止起动，从而实现自救。

(2) 在每扇移动门两边的固定门上安装激光探测传感器阵列。激光探测传感器由激光发射器、激光接收器和电源等部分组成，发射和接收装置分别安装在每扇门两边的固定门上(如图 10-4 所示)。当有人或物体夹在空隙中时，接收端无法接收信号，则控制系统可判断出列车门和站台屏蔽门之间有人或物体存在，就会向总控制室和司机发出报警。

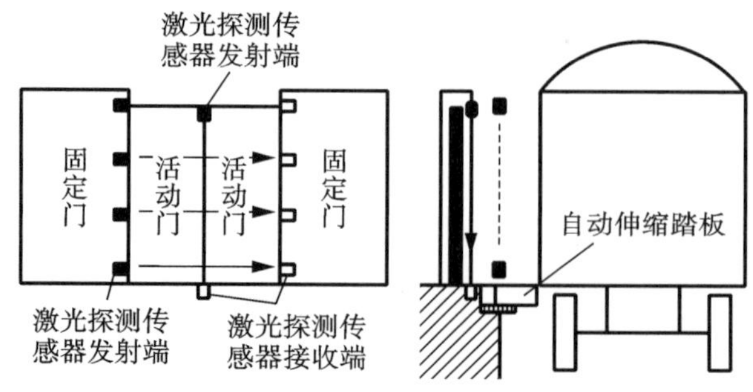

图 10-4 激光探测传感器与伸缩踏板安装示意图

2. 车与地铁站台间存在空隙的解决办法

任何物体都不能侵入列车的限界，列车和站台之间的空隙也是列车安全运行所需要的。站台设计和钢轨的磨损不同会导致列车与各站站台之间的间隙宽度不同，有的间隙可达到 20 cm。现已运行的高速铁路列车与站台之间也存在较大空隙，但高速铁路列车的每个车门下都设计了一个自动伸缩踏板：车门打开时，踏板自动伸出；车门关上后，踏板自动收回。这一设计很好地解决了空隙问题，在高速铁路和动车运营中很少出现乘客上下车踏空受伤的情况。但地铁列车上还未见有类似设计的应用。

如果对现有地铁列车安装自动踏板，不但改造成本高，而且可能破坏列车的安全性。故可以考虑将自动伸缩踏板安装到站台上，这样改造成本低，也容易实现。

自动伸缩踏板由伸缩结构、驱动电机和控制部分等组成。伸缩机构由伺服电机驱动实现伸缩动作，控制器接收来自总控器的信号，使踏板伸缩和屏蔽门的开启实现同步控制。其伸缩量可根据需要进行调节，将自动伸缩踏板与列车车厢之间的间隙减少到 2 cm，踏空事故自然不会再出现。

10.4 站台绝缘层施工技术

1. 国内地铁屏蔽门绝缘层状况

由于轨道交通系统采用直流牵引供电，直流牵引供电设备及走行轨道（与车厢金属件、车轮为一体）对大地均采用绝缘安装，因此走行轨道与车站之间存在电位差。为保证乘客安全，地铁车站的屏蔽门门体与走行轨道连接成一体形成等电位，而车站站台处于地电位，乘客上下车时就存在门与站台的跨步电位问题。因此，站台必须设置一定宽度的绝缘层，方能保证乘客安全。目前，地铁站台绝缘还没有相应的技术规范或设计规范可供参考，也没有相应的技术储备，国内各地的地铁只能互相参考。地铁站台绝缘主要有以下几种做法。

（1）粘贴橡胶绝缘膜。在站台找平层上直接粘贴橡胶绝缘膜，再在上面做水泥砂浆层铺贴石材。广州地铁早期线路、深圳地铁、天津地铁等都采取这种方式，但实际效果不理想。

（2）直接在站台面粘贴橡胶绝缘板。广州地铁、南京地铁等采取了该种方式，绝缘效果好，但与防火规范相悖。

（3）直接在站台找平层上涂装高分子绝缘涂料。北京地铁 5 号线、深圳地铁 3 号线采取该方式，但效果不理想。

因此必须研究开发出一种高效、简便的站台绝缘技术，以满足日益增多的地铁站台的安全要求。

2. 关于地铁站台绝缘技术标准

（1）站台面绝缘电阻值：目前按 500 V 直流电压、站台面接地电阻大于 0.5 MΩ 的标准执行。这也是屏蔽门的电气绝缘标准值。

（2）站台面绝缘范围：根据《低压电气装置　第 4—41 部分：安全防护 电击防护》（GB 16895.21—2011），屏蔽门外侧的绝缘宽度应不小于 2.0 m，目前大多数站台绝缘设计宽度为 1.6～2.0 m。

（3）绝缘电阻检测方法：按照《低压电气装置　第 4—41 部分：安全防护 电击防护》（GB 16895.21—2011）中附录 B 执行。

3. 现有地铁屏蔽门绝缘层的技术分析

(1) 在站台结构板找平层上粘贴橡胶绝缘膜再铺装石材的方式经实践证明是不理想的。进一步研究发现,该方式沿用防水的概念来做防电流泄漏,但两者之间存在本质区别:防水是防水分子泄漏,防电是防电子、离子的运动。站台面石材下水泥砂浆中的氢氧化钙、硅酸盐等成分是导电体,而绝缘膜上下层都被水泥砂浆覆盖。泄漏电流沿水泥砂浆层扩散,绝缘电阻值很小甚至导通,且橡胶绝缘膜之间、橡胶绝缘膜与砂浆之间不能保证完全黏结。因此,站台石材下面的绝缘结构缺陷很多,绝缘电阻值检测大都无法通过。即便通过,也是勉强达到 0.5 MΩ,稍微受潮,绝缘电阻就会急剧下降。

该方案由广州地铁最先提出并采用,但广州地铁现在已不再使用,而改用直接在站台面粘贴耐磨橡胶板。在找平层上粘贴橡胶绝缘膜的绝缘效果好,但其绝缘宽度只有 0.9 m,也与《地铁设计规范》(GB 50157-2013)中地铁车站装修必须使用不燃建材的规定相悖。

(2) 直接在站台找平层上涂装高分子绝缘涂料的优点是它与上下层水泥砂浆粘贴牢固,整体性好,但它的基本绝缘结构与找平层上粘贴橡胶绝缘膜一样,绝缘效果不理想。该方案最先由北京地铁 5 号线提出并使用,深圳地铁 3 号线也采用了该方案。

4. 站台绝缘的关键因素

随着屏蔽门而出现的地铁站台绝缘是一个新的研究方向,依据相关专业知识,需要明确以下几个关键因素。

(1) 绝缘材料与绝缘结构。地铁站台绝缘结构设计的科学合理是绝缘效果良好的基础。绝缘材料只是绝缘结构的要素之一。现行方案中使用绝缘电阻率很高的材料而绝缘电阻实测值很低,就是因为绝缘结构设计缺陷造成的。例如橡胶绝缘膜绝缘电阻率很高,但由于其上有一层水泥砂浆,导致站台石材面绝缘电阻实测值很低。

(2) 绝缘施工及绝缘检测。地铁绝缘站台的设计、施工及检测专业性很强,已逐渐演变成一个新的领域,如施工过程中的温湿度控制,施工工艺控制,施工过程与土建、装修、屏蔽门等工种的节点衔接,绝缘电阻的正确测量等都是专业性很强的工作,非普通装修工种所能胜任,必须由在此领域有一定研究实力的专业公司来实施。

5. 整体复合绝缘层方案

针对现有绝缘层的各种不足,在已实施的昆明轨道交通示范线工程中,采用了新型的整体复合绝缘层方案。

(1) 绝缘材料。

整体复合绝缘层方案中绝缘材料是一个有机及无机材料两者聚合的材料体系,有机无机材料按一定比例配合,形成绝缘性能好、硬度高、耐变形等综合性能优异的固态绝缘材料。

(2) 绝缘结构。

①整体复合绝缘层与装修设计的配合做到无缝对接,绝缘区的设计宽度、形状、水平及垂直面均不受限制,充分展示设计的完美性。材料的调控性决定其前后施工处的无缝衔接,操作简易、快速且后期无须过多维护。整体复合绝缘结构如图 10-5 所示。

②整体复合绝缘层铺设于石材下方,满足地铁防火要求,不影响站台导向标志的布置,维护极为便利。

③整体复合绝缘层操作简便,与混凝土垫层、石材面层成为一体,无受压变形等隐患,性能长效。

④整体复合绝缘结构为无分割的整体,但可以随意设置分格缝。

⑤整体化使其不存在难以控制的节点,有效保证了分格缝,且石材接缝处性能优异,有

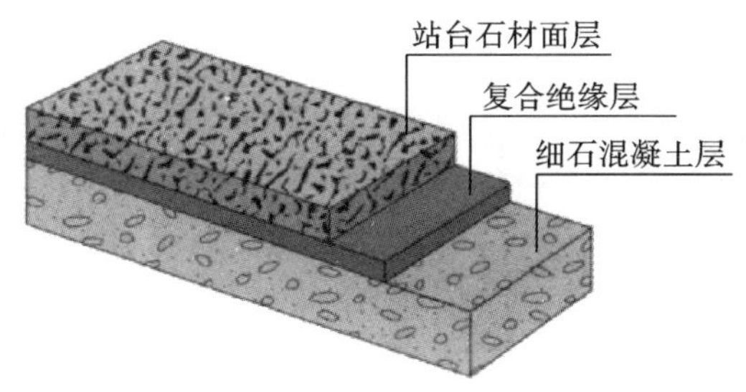

图 10-5　整体复合绝缘结构简图

效节省了工期。

⑥站台面石材在湿度大的环境下仍有优异的绝缘性能。

(3) 施工工艺。

①复合绝缘材料采用现场机械调制、人工铺设的施工方式。

②材料的半固体状使施工更为简便,也让前后施工达到无缝、无接口的整体化。

③在施工中不借助任何易老化失效或变形剥离的辅助器件,一体化工艺杜绝了石材面分区缝失效而引发的整体绝缘无效隐患,确保绝缘层如石材般长效耐用。

④优异的施工方式使面层石材成为独立的绝缘个体,对混凝土层无平整度等特殊要求。

⑤水平面及垂直面接点处可处理为无接缝的整体,避免接缝口带来的隐患。

站台绝缘层和屏蔽门相互关系、站台绝缘层施工技术分别如图 10-6、图 10-7 所示。

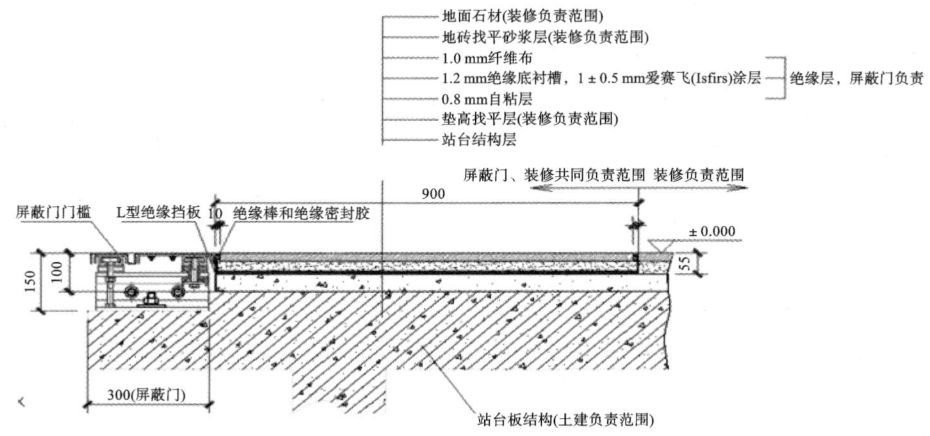

图 10-6　站台绝缘层和屏蔽门相互关系示意图

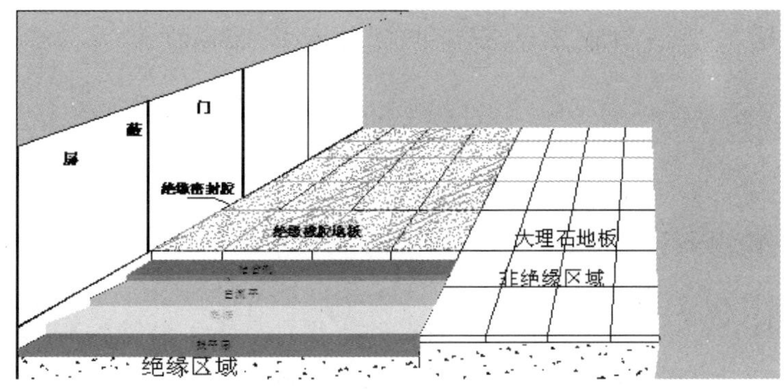

图 10-7　站台绝缘层施工技术

第 11 章　浮　置　板

尽管城市轨道交通有着众多的优点，但是在运营过程中也造成了相关的环境问题，引起了公众的强烈反应。这主要是因为城市轨道交通线路经常通过城市人口稠密区、风景名胜区以及工业园区等，线路沿线可能是居民楼、古旧建筑物以及精密仪器室等这些对振动与噪声敏感的区域。据国家有关统计，除工厂和建筑施工外，交通系统引起的环境振动是对公众影响最大的振动危害。因此，有效控制和降低轨道交通引起的环境振动具有非常重要的科研价值和现实意义。

针对减振措施方面，主要是从降低振源的激振强度及切断或削弱传播途径上的振动，对需要减振的对象进行被动隔振等方面的研究。较常用的减振轨道包括橡胶支承浮置板轨道、内置式钢弹簧浮置板轨道、浮置式梯型轨道、弹性支承块轨道、弹性短/长轨枕。上述各类型轨道的整体质量、刚度、阻尼的差异导致其不同的振动特性，从而导致隔振量也不同。

11.1　浮置板应用及原理

11.1.1　国内外发展概况

二十世纪末，浮置板轨道体系逐渐开始发展，它是由钢筋混凝土道床板和钢弹簧隔振器共同组成的质量、弹簧、阻尼系统，是用于隔离或减少轨道向周边传递振动的一种高等级轨道结构。

德国是最早开发和应用浮置板轨道结构的国家，最先在科隆地铁中采用了浮置板轨道系统，并在 1994 年投入运营的柏林地铁中采用了钢弹簧浮置板道床轨道结构。因为钢弹簧浮置板道床减振效果明显，随后在英国道克兰线、巴西圣保罗等线路中均有应用。国内于 2000 年在北京 13 号线西直门高架车站中采用了侧置式钢弹簧浮置板结构，其标准板长为 33.6 m。2001 年，上海首次将内置式结构应用于轨道交通 4 号线跨越四川北路高架区间。十多年来，钢弹簧浮置板广泛应用于国内各大城市轨道交通线路中，大部分采用长板设计和现浇施工。

11.1.2　轨道结构振动与噪声的产生机理与隔振降噪技术

地铁引起的地面振动或高架轨道的高架桥结构振动源于轨道的振动，而轨道的振动则源于轮轨表面的不规则和高低不平。列车运行时轮轨踏面的高低不平使轮轨间产生动态接触力，动态接触力使轨道发生振动。由于阻尼作用，高频振动在大地或结构中经过了短距离的传播后逐渐衰减。因此动态接触力的主要频率在几十赫兹到两百赫兹之间。

轨道结构特性直接影响轮轨动态接触力，从而影响振动与噪声水平。弹性轨道结构通常产生较小的轮轨动态接触力，轨道结构的振动水平也较低。轨道结构形式对动态接触力如何传递到基础结构有很大的影响，对动态接触力和振动的传递起重要作用的关键因素有以下三个。第一个因素是轨道的支承刚度，低刚度的轨道结构传递给基础结构的力比高刚度轨道结构传递的力要小。第二个因素是轨道结构的质量,轨道结构的质量和轨道结构的弹性支承构成共振频率,高于共振频率的轨道振动在传递到基础结构的过程中会产生较大的衰减。轨道结构质量越大,支承刚度越低,则共振频率越低,在共振频率之上的振动可以得到有效隔离。第三个因素是轨道结构的阻尼,阻尼可以降低力在共振时的峰值,这是因为共振产生的能量可以被阻尼材料吸收,转化成热能耗散。但是在轨道结构的钢材和混凝土材料中并没有很大的阻尼,对于无碴轨道结构,阻尼是由橡胶垫片提供的。对于碎石道碴道床结构,碎石道碴本身就可以提供足够、有效的阻尼。

降低轨道传递给基础结构的振动有以下两个基本原则:第一是降低轨道的刚度,第二是增加轨道弹性支承之上的质量。对于有碴轨道结构,降低轨道刚度的基本方法是采用钢轨弹性垫片,增加碎石道碴道床的厚度和在碎石道碴下使用弹性垫层。对于整体道床轨道结构,最简单的方法是在钢轨和混凝土承轨台之间采用弹性垫层。可以采用高弹性的钢轨垫层来降低轨道刚度,但是应考虑到弹性垫层对钢轨的稳定性要求以及钢轨扣件在大变形条件下固定钢轨能力的限制。对于整体道床轨道结构,为了有效降低基础结构振动,还可以在轨道结构中增加弹性支承之上的质量,达到隔振的效果。例如可以采用具有橡胶靴套的轨枕,或者将轨道铺设在有弹性支承的混凝土板块上,即采用浮置板轨道结构。

11.1.3 浮置板轨道介绍及其参数设计

目前有多种方法对轨道结构减振,如采用高弹性扣件、弹性短轨枕轨道和浮置板轨道。

高弹性扣件和弹性短轨枕轨道的减振效果约为 8 dB,而浮置板轨道的减振效果可达 10～15 dB,适用于减振要求高的路段。

浮置板轨道实际上是一个质量-弹簧系统,其基本原理是在轨道上部结构与基础之间加入一个固有频率很低的质量-弹簧系统,阻止钢轨向基础传递振动。

浮置板轨道系统在我国的应用仍处于发展和试验阶段,技术也主要从国外引进。

浮置板轨道的参数设计首先要确定浮置板-弹性支承隔振系统的固有频率,而固有频率主要取决于浮置板的质量和弹性支承的刚度。浮置板-弹性支承隔振系统的隔振效果可由力的传递率表示,只有当激励力频率与浮置板-弹性支承系统固有频率之比大于 2 时,力传递率小于 1,浮置板轨道才能起到隔振效果。

除了影响隔振系统固有频率的浮置板质量参数外,浮置板长度也是一个很重要的结构参数。较短的浮置板和长浮置板在隔振性能上有着本质的区别。

由于浮置板的采用在隔绝振动向基础传递的同时,势必会增加钢轨的位移,影响列车行驶。因此轨下垫片刚度的选择对于浮置板轨道参数设计来说,也尤为重要。理想的轨下垫片刚度能最大程度地降低传递至基础的力,同时不会使得钢轨的位移过大。

11.2 浮置板的结构形式

浮置板轨道就其长度而言,可以从不足一米到几百米长。几米长的短浮置板可以在工厂预制。由于单块重量轻,易于运输吊装,可以在施工现场快速铺设安装。

短浮置板轨道的结构从上至下由钢轨、轨下垫片、浮置板、浮置板弹性支承构成。预制的浮置板长度一般在不足一米到几米范围内,相邻两块浮置板之间有间隙。

每块浮置板支承在 4 个橡胶支座上,侧垫与端垫提供横向与纵向支承。浮置板的长度在两侧局部减小,使两块浮置板之间在长度方向形成检查空间,便于维修人员检查或在必要时更换浮置板下的橡胶支座。

长尺寸的浮置板是在施工现场浇筑的。现场浇筑制作的浮置板容易适应地铁、隧道的圆形断面形状。长尺寸浮置板连接点少,整体质量大,其巨大惯性可以有效防止水平方向移位。但是浮置板的最大长度受到温度膨胀的限制。

由于第一代浮置板太长,在一定条件下容易引起环境噪声过分增大,而且第一代浮置板设计时没有考虑板下橡胶支座的维修与更换,以致橡胶支座失效后更换非常困难。1980年初对第一代浮置板轨道进行了改进,提高了橡胶支座的耐久性,并在浮置板上开孔,便于检查橡胶支座或在必要时进行更换。

浮置板就地灌注时,用防水薄钢板做模板。浮置板基础的低凹处用环氧树脂砂浆补平,支座下用调整垫板找平。由于用薄钢板制作的模板刚度小,因而在混凝土灌注后,浮置板与板下各橡胶支座能均匀贴靠,从而使浮置板各橡胶支座均匀受载。

11.3 浮置板参数分析和设计流程

1. 浮置板轨道的力的传递率

浮置板轨道的隔振性能可由系统传递到基础的力以及力的传递率来评价。传递到基础的力越小则系统的隔振性能越好,辐射出去的噪声或周围建筑道路上的人感受到的振动也会相对较小。

在低频段,即小于固有频率的频率范围内,力的传递率约等于1,浮置板轨道系统不起隔振作用,此时可以认为激励力以静力传递的方式传到了基础。

在固有频率附近,浮置板轨道系统的力的传递率大于1,因此在固有频率附近,振动会被放大。在中高频段,随着频率上升,力的传递率大大降低。在高频段,浮置板轨道系统的力的传递率远远小于1。从图11-1以及相关振动理论的分析中可以明显得出,只有当系统频率大于$\sqrt{2}$倍固有频率时,浮置板轨道系统才起到隔振作用,此时,浮置板轨道系统的隔振性能将大大优于传统的轨枕道碴轨道。

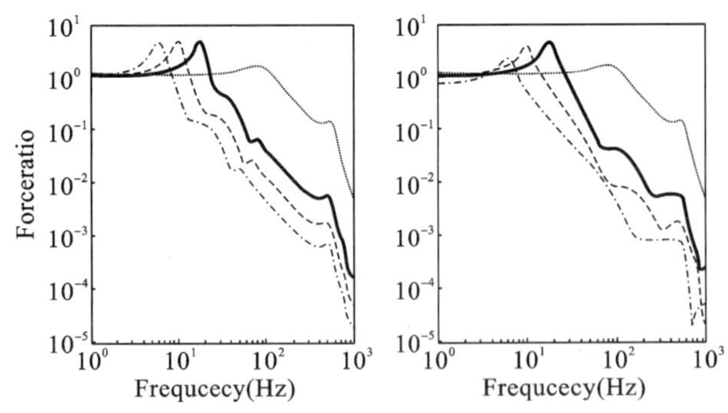

图11-1 短浮置板(左)和长浮置板(右)力的传递率

——固有频率 18 Hz,---- 10 Hz,-·-·- 6 Hz,……轨枕道碴轨道

显然系统的固有频率越低,系统的隔振性能越好。但这就要求增加浮置板质量的同时减小浮置板支承的刚度。考虑到列车运行时轨道结构动力学性能以及浮置板支座的承载能力,浮置板支承刚度的降低受到限制,浮置板质量也不能无限制增加。一般来说,浮置板轨

道系统的固有频率不应小于 5 Hz。

2. 浮置板轨道传递到基础的力

由图 11-2 可知，在固有频率附近，浮置板轨道系统传递到基础的力略大于传统的轨枕道碴系统传递至基础的力。而在中高频段，浮置板轨道系统的隔振效果相对与轨枕道碴系统有着比较明显的优势。结合本节内容的分析，为充分体现出浮置板轨道的隔振优势，在进行浮置板轨道系统参数设计时，应在允许的情况下尽量降低其固有频率。

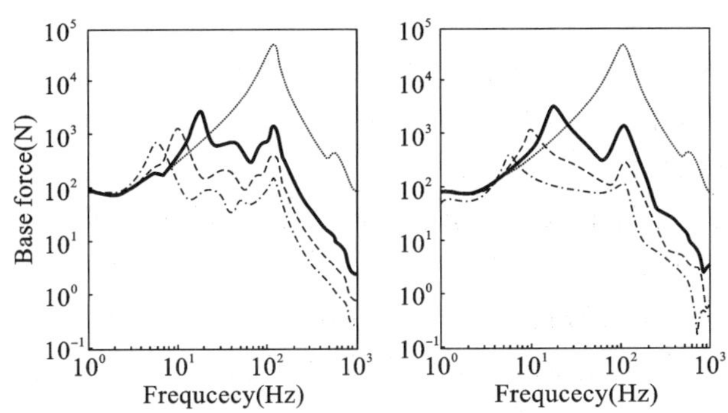

图 11-2　短浮置板(左)和长浮置板(右)传递到基础的力

——固有频率 18 Hz，---- 10 Hz，-·-·- 6 Hz，……轨枕道碴轨道

在 10 Hz 到 100 Hz 的范围内，长浮置板轨道系统传递到基础的力略大于短浮置板轨道系统传递到基础的力。这是由于长短浮置板在动柔度上的差别导致长浮置板的激励力略大于短浮置板的激励力。

浮置板轨道系统的噪声辐射主要在 10 Hz 到 200 Hz 的范围内，且在固有频率处有较大的峰值，这与前述内容的论述相吻合，也与实际测量的结果相吻合。传统的轨枕道碴轨道的噪声辐射的频率范围更大，且幅值也相应要大许多。因此在进行浮置板轨道系统参数设计时，应根据周围的建筑情况合理地选取系统的固有频率，尽量要将主要建筑物的固有频率和浮置板轨道系统的固有频率错开，避免发生共振。

3. 浮置板轨道系统中钢轨的位移

由于原本传递至基础的振动转由浮置板耗散，因此，应用浮置板轨道系统会较大幅度地增加钢轨的位移。

对于浮置板轨道系统来说，较低固有频率的浮置板轨道系统在低频段有较大的钢轨位移，在中频段则会减小钢轨的位移。因此就钢轨位移而言，无法确定较低的固有频率和较高的固有频率哪种更好。

4. 浮置板的位移

浮置板轨道系统主要通过浮置板自身的振动来耗散激励力传递过来的振动。

在低频段，固有频率较低的系统其浮置板的位移较大。而在中高频段，固有频率较低的系统其浮置板的位移较小。

相比于传统的轨枕道碴系统，在中低频段，浮置板轨道系统的浮置板位移要远大于道碴的位移，而在中高频段，浮置板轨道系统的浮置板位移要小于道碴的位移。两者之间存在一个交叉点，固有频率越高，交叉点所处频率也就相应更高一些。

从浮置板的位移这一方面来讲，长短浮置板仍有着大致相同的性质，只是具体的图线形状略有不同而已。

5. 振动沿钢轨的衰减

振动不仅会向基础传递,同时也会沿轨道方向传播并衰减。为全面研究短浮置板和长浮置板系统的隔振性能,同样需要对振动沿钢轨方向的传播和衰减作考虑。

浮置板轨道传递给基础的力沿轨道方向随距离的增加而逐渐减小。长浮置板轨道沿钢轨方向传递给基础的力衰减得比较慢,而短浮置板轨道在低频与中、高频段传递给基础的力沿轨道方向衰减很快。这是因为长浮置板存在弯曲刚度,可以使横向振动在浮置板内沿轨道方向传递,而短浮置板相当于离散的质量层,不具备传递横向振动的能力。

再结合上述内容的分析可知,对于长、短两种不同类型的浮置板轨道系统来说,虽然在力的传递率和传递到基础的力上,两者相差不大。然而长浮置板轨道系统在 $z=0$ 位置时,单位长度上传递至基础的力较小,但沿钢轨方向,长浮置板轨道系统振动的衰减较慢。也就是说,长浮置板轨道系统能将钢轨上的激励力比较多的沿钢轨方向分散,而短浮置板轨道系统会将大部分振动传递到 $z=0$ 附近的小范围内。这一点就是长浮置板和短浮置板系统最本质的区别。在进行浮置板参数设计时,除考虑施工和维修保养等条件外,应着重考虑这一点。一般来说,长浮置板轨道能将激励力沿钢轨方向分散,一定程度上也可以认为是降低了振动。而且无论是长浮置板还是短浮置板,沿钢轨方向 5 m 处,振动都已经得到了很大的衰减。因此,如果不考虑施工安装以及维修保养的因素,现场浇筑的长浮置板应该是更好的选择。

6. 不同浮置板质量的比较

对于短浮置板而言,浮置板的重量对传递到基础的力影响很小。对长浮置板轨道来说,较重的浮置板可以稍微减小传递到基础的力。由于是相同固有频率的长、短浮置板进行比较,因此较重的浮置板也意味着较大的弹簧刚度,在实际应用中较重的浮置板可能也同时意味着较高的成本。

由于浮置板的重量对传递至基础的力影响不是很大,因此不妨进一步考察浮置板重量对钢轨位移的影响。钢轨的位移直接影响到列车的平稳性等指标,应尽量使钢轨的位移减小。图 11-3 为短浮置板(左)和长浮置板(右)钢轨位移图。

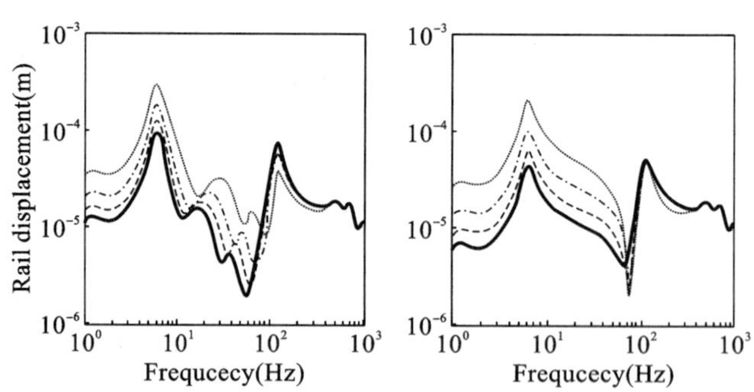

图 11-3 6.33 Hz 短浮置板轨道(左图)和长浮置板轨道(右图)钢轨的位移

——重型,----中型,-·-·-较轻,……轻型

由上图可知,无论对于短浮置板还是长浮置板,采用较重的浮置板和较大刚度的支撑弹簧都能减小钢轨的位移,对于长浮置板来说这一趋势尤其明显。因此若采用长浮置板铺设地铁或轻轨,建议着重考虑采用较重的浮置板。但较重的浮置板显然要增加成本,同时也给安装和施工带来更多的困难,因此也要结合具体情况谨慎考虑。

7. 不同支承弹簧刚度的比较

如果不改变浮置板的重量而只改变支承弹簧的刚度，则会相应改变浮置板轨道系统的固有频率，同时也会改变系统的隔振性能。我们可以通过小范围的调整支撑弹簧的刚度来使整个系统的隔振性能更好。需要指出的是，这里支承弹簧只是泛指浮置板下的支承物，橡胶同样可以作为浮置板下的支承物。

由于实际的支承弹簧是离散布置的，只需要调整支承弹簧的布置密度，就可以调节总体的支承弹簧的刚度。支承弹簧布置得密一些就能增加系统总的支承弹簧的刚度，反之就能减小其刚度。另外，不同类型的橡胶也会有不同的支承刚度和阻尼。

显然，较低刚度的支承弹簧有着较低的固有频率，自然其隔振性能也更好一些。但从图 11-4 中可以看出，较低的固有频率仍将使得低频段的钢轨位移增大。另外，单纯改变支承弹簧的刚度并不影响中高频段钢轨的位移。

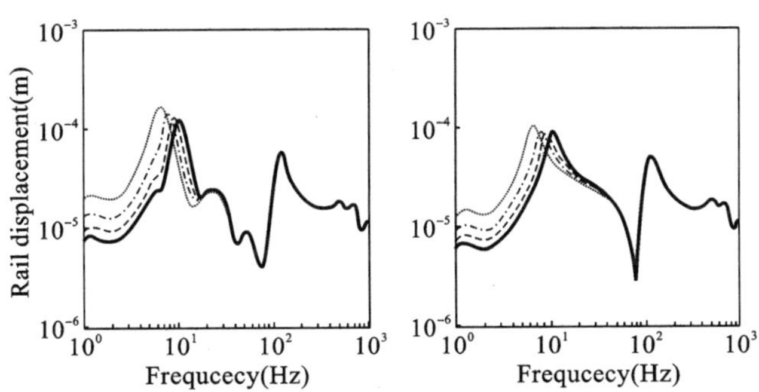

图 11-4　短浮置板轨道(左图)和长浮置板轨道(右图)钢轨的位移

——支承弹簧刚度硬，----中，-·-·-较软，┈┈软

对于在浮置板轨道和非浮置板轨道的过渡处，较软的支承弹簧会增加过渡时的冲击力。因此在过渡段，应逐渐增加支承弹簧的密度，而在其他地方则可以考虑尽量采用较软的支承弹簧。

8. 不同轨下垫片刚度的比较

在着重分析了固有频率、浮置板重量等参数后，有必要讨论一下轨下垫片的刚度对系统隔振性能的影响。一般而言，在浮置板轨道系统中，轨下垫片的刚度较大，相对于浮置板下的支承弹簧来说，其刚度大 1 到 2 个数量级。由于刚度很大，轨下垫片并不是主要起隔振作用，而是将钢轨弹性地固定在混凝土结构的浮置板上。由图 11-5 可知，仅仅在高频段，较软的轨下垫片能略微降低系统传递到基础的力。但在二阶共振频率附近，较软的轨下垫片反而又会增加传递至基础的力。

由于轨下垫片直接位于钢轨的下方，对钢轨起到支撑作用，因此轨下垫片对钢轨的位移也应在考虑范围内。

通过调节轨下垫片的刚度来降低传递至基础的力则会增加钢轨位移。由于轨下垫片直接作用于钢轨的下方，所以，轨下垫片对钢轨位移的影响要远大于对系统传递至基础的力的影响。因此在对浮置板轨道系统进行参数设计时，不妨考虑刚度较大的轨下垫片。

系统频率在 100 Hz 附近时，由于车辆的振动会使钢轨的力达到一个峰值。系统频率在 100 Hz 以上时，较软的轨下垫片可减小钢轨的力，但作用不大。相比较而言，应选择较硬的轨下垫片来减小钢轨的位移。

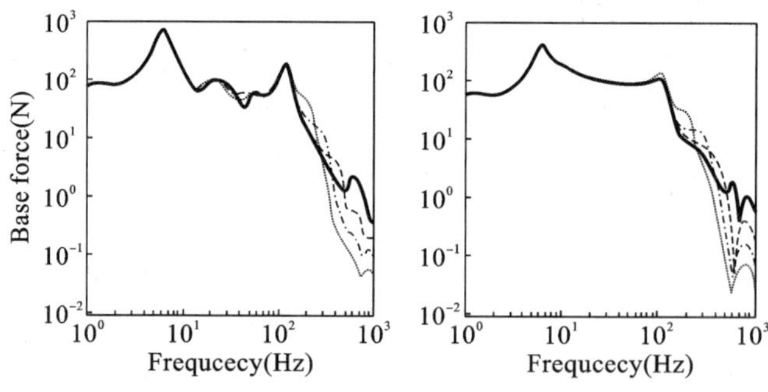

图 11-5　短浮置板(左图)和长浮置板(右图)传递至基础的力

——轨下垫片刚度硬,----中,-·-·-较软,……软

总的来说,轨下垫片刚度的变化对系统的影响一般都仅仅体现在系统的高频部分,且影响的趋势并不明显。另外由于在高频部分,系统已经得到很大的衰减,轨下垫片的作用已不是十分明显。但就减小钢轨位移这方面而言,较硬的轨下垫片还是可以起到一定作用。

在实际应用中,系统本身允许钢轨有一定的位移,因此可根据经验确定一个钢轨允许位移的范围,再依照此范围结合模型的计算结果,确定一个轨下垫片的刚度。由于轨下垫片对系统的隔振性能影响很小,确定钢轨合理的位移范围即可确定出轨下垫片的刚度。

9. 参数设计步骤

以上内容针对每一个参数的分析,都得出了一些对于浮置板轨道参数设计有用的结论。除了分析系统的隔振性能,对钢轨的位移和浮置板的位移等问题也均有涉及,并结合实际情况对浮置板的参数设计给出了较为全面的分析。

无论是短浮置板还是长浮置板轨道系统,固有频率都是系统最重要的参数。由于浮置板和支承弹簧起主要的隔振作用,系统的固有频率主要由浮置板的重量和支承弹簧的刚度来决定,因此系统的固有频率可以采用一个两自由度的质量弹簧系统来估算,并为进一步的计算做准备。

在对浮置板轨道进行参数设计时,总体的考虑是最重要的,既要考虑到有好的隔振性能,又要考虑到成本、安装、施工等一系列因素。一般来说,浮置板轨道系统推荐的固有频率在 5～12 Hz 的范围内。当固有频率在此范围内时,系统的隔振性能最大程度得到保证,且安装、施工、维护等工作都比较容易实现。事实上,国内外的浮置板轨道系统的固有频率基本都在这一范围内。

浮置板轨道系统的参数设计大致可以总结为以下步骤。

(1) 确定浮置板的长度尺寸。

(2) 确定浮置板轨道系统的固有频率,推荐在 5～12 Hz 范围内。

(3) 确定浮置板的重量或截面形状。一般来说,影响浮置板重量的主要因素就是浮置板的厚度。

(4) 确定固有频率和浮置板重量后,支承弹簧的刚度也基本确定。但此时仍可以通过微调支承弹簧的刚度来进一步优化系统的各方面性能。

(5) 确定轨下垫片的刚度。

(6) 最后验证各参数是否可行。

值得注意的是,上述步骤只是浮置板轨道参数设计的一种思路,仅供参考,并不作为强制标准执行。实际工程中可以根据不同的情况整合其他的设计思路和设计步骤。

11.4 浮置板安装和施工问题研究

11.4.1 浮置板安装研究内容

国内浮置板的施工存在着如下问题。

(1) 传统浮置板设计中，断面、配筋等相关设计都较为复杂，无法满足“标准化设计、工厂化预制”的要求。

(2) 不同路段隔振器不能统一，存在大量非标元件，且备品、备料多，投资大。

(3) 传统浮置板轨道大多采用现场浇筑施工，现场浇筑的隧道狭小，大量钢筋绑扎、焊接以及混凝土浇筑质量难以保证，且施工时间久(进度仅为5～7 m/(天·工作面))，作业环境差。

(4) 对于现浇结构，钢轨底部与道床板间隙施工难以控制，容易造成钢轨电腐蚀而存在断轨隐患。

(5) 板体或套筒意外损坏，只能对局部损坏进行修补处理，如果浮置板所在地段的隧道管片发生渗漏或者损坏，就很难进行处理。

综合国内外轨道工程的技术发展，浮置板研究的原则如下：①采用“标准化设计、工厂化预制、机械化施工、智能化监测”的总体思路，通过模块化、系统化和通用化的设计实现标准化设计，为工厂预制和机械施工奠定基础，进而提高浮置板施工及安装的质量；②以系统化全寿命周期的需求分析为切入点，明确开发需求，即从设计、制造、施工和维护等工程全部阶段展开研究，重点补足以往浮置板的短板；③以安全性和高质量为设计首要原则，满足稳定性和耐久性的要求；④减振效果与传统浮置板相比得到明显优化。浮置板主要研究内容包括如下各项。

(1) 地铁车辆-钢弹簧浮置板轨道数值模拟研究。

(2) 全预制钢弹簧浮置板的优化结构形式研究。

(3) 钢弹簧浮置板轨道参数对减振性能、安全性能和乘坐性能的影响研究。

(4) 全预制钢弹簧浮置板模具优化设计研究。

(5) 全预制钢弹簧浮置板工厂流水化生产线优化布置研究。

(6) 全预制钢弹簧浮置板工厂化生产全过程质量控制技术研究。

(7) 钢弹簧浮置板轨道现场机械化施工技术研究。

(8) BIM技术在钢弹簧浮置板设计施工一体化研究中的应用。

(9) 全预制钢弹簧浮置板试验段效果检测。

(10) 建立浮置板设计、生产和施工标准。

11.4.2 浮置板预埋件控制

浮置板预埋件控制要点如下。

(1) 严格控制地铁基点、基线测量质量，认真核查细部放样正确性。

(2) 深化车站主体施工图纸设计管理，提高图纸会审质量。

(3) 在施工预埋件及预留孔洞前应编制专项施工方案和预埋件及预留孔洞统计表，进行专项技术交底，实施过程监理单位进行全程监理。

(4) 每完成一个地铁施工结构段,需要对该段的预埋件及预留孔洞检查核对,检查是否遗漏和埋设是否达到设计要求。

(5) 迎水面结构上的预埋件及预留孔洞使用的防水套管、防水材料封堵以高标准施工完成。

为更好地完成浮置板预埋件的施工,建议推行锌镍渗层防腐技术,强化土建为设备服务、设备为营运服务、营运为经营服务的建设理念。该项技术具有如下特点:①对隧道结构零损伤,可以延长隧道结构的使用寿命;②提高设备安装效率、改善安装环境;③节省打孔及检测费用;④缩短工期,施工速度可达到每个月 10 km。

参考文献

[1] 李建民.城市轨道交通供电系统模式的分析与研究[J].都市快轨交通,2004,17(6):54-56.

[2] 李寒生.城市轨道交通供电系统综合分析及其建设运营模式探索[J].铁道标准,2013(5):119-122.

[3] 彭怡,陶伟.城市轨道交通供电系统组成分析[J].城乡建设,2012(26).

[4] 李秀娥.轨道交通供电系统综述[J].电气传动自动化,2007,29(1):5-7.

[5] 洪翔.城市轨道交通网络化通信架构研究[J].城市轨道交通研究,2013,16(8):14-17.

[6] 姜斯亮.轨道交通信号供电系统架构及功能分析[J].铁路通信信号工程技术,2014,11(3):61-63.

[7] 潘攀,张宁,王健.城市轨道交通 AFC 系统参数管理[J].都市快轨交通,2015,28(1):12-15.

[8] 王德春,简春梅.城市轨道交通 AFC 系统参数管理研究.南方农机,2017,48(4):15.

[9] 徐文,孙静.北京轨道交通换乘站 AFC 系统资源共享研究[J].都市快轨交通,2011,24(5):43-47.

[10] 刘永谦.地铁 FAS、BAS 系统设计中几个问题的探讨[J].铁道标准设计,2006(4):95-98.

[11] 王婷婷.城市轨道交通综合监控技术的研究及应用[D].南京:东南大学,2012[2014-09-18].

[12] 丰术.综合监控系统设计中的关键问题[D].北京:北京交通大学,2012[2014-02-25].

[13] 马文昭.轨道交通环境与设备监控系统设计[D].淮南:安徽理工大学,2013[2014-07-15].

[14] 李士峰,黎江.轨道交通环境与设备监控系统的设计与实现[J].铁路计算机用,2006,15(11):49-51.

[15] 李继栋.城市轨道交通门禁系统的应用及方案优化探讨[J].现代城市轨道交通,2009(4):37-39.

[16] 王开满,江平,李洁.门禁系统在地铁综合监控系统中的研究与应用的应用及方案优化探讨[J].都市快轨交通,2007,20(3):93-96.

[17] 吴明晖.地铁站台屏蔽门系统隐患分析及改进研究[J].城市轨道交通研究,2011,14(5):55-57.

[18] 张俊岭.地铁屏蔽门系统站台整体复合绝缘层方案研究[J].城市轨道交通研究,2013,16(4):86-88.

[19] 王胜国.轨道交通站台屏蔽门系统及项目实施控制要点[J].中国新技术新产品,2014(8):125-126.

[20] 付胜华,刘升华.地铁屏蔽门系统安装调试[J].城市建设理论研究:电子版,2013(13).

[21] 王炯.浮置板轨道隔振性能研究[D].上海:上海交通大学,2007[2009-12-31].